Klaus Hoffmann-Reicker

Der Raub der Magdalena

Klaus Hoffmann-Reicker

Der Raub der Magdalena

und fünfzehn weitere Fälle

Bild und Heimat

ISBN 978-3-95958-207-0

1. Auflage dieser Ausgabe

Umschlaggestaltung: capa
Umschlagabbildung: Chris Keller / bobsairport
Druck und Bindung: CPI Moravia Books s. r. o.

SUPERillu

In Kooperation mit der SUPERillu
www.superillu-shop.de

Inhalt

Die Dohnaische Fehde

In Dresden ist vor Jahrhunderten ein Verbrechen geschehen, das die Menschen noch heute bewegt. Wenn man etwa eine Stunde die Königsbrücker Landstraße vom Elbtalkessel durch den Hellerwald auf den Elbhang hinaufsteigt, zweigt kurz vor Klotzsche links die Verbindung nach Hellerau ab. Genau dort verbirgt sich am Straßenrand ein altes steinernes Sühnekreuz, über dessen Entstehung es nur spärliche Informationen gibt. Die Inschrift ist so verstümmelt und verwittert, dass man sie heute nicht mehr lesen kann. Manch einer bezweifelt, dass sich die wahre Geschichte darüber sechshundert Jahre lang erhalten haben kann. Die Dresdner jedenfalls kennen sie, handelt es sich doch um eine der ältesten Sagen Sachsens: Der Reisige Jonas Daniel hatte den Auftrag, mit drei Bewaffneten die beiden doninschen Kinder Margarete und Wenzel aus der belagerten Burg Weesenstein über Königsbrück in die zum Königreich Böhmen gehörende Lausitz auf den Besitz der Familie Dohna (auch: Donin) in Sicherheit zu bringen. An der Stelle, an der heute das Kreuz steht, wurde Jonas Daniel am Abend des 21. Juni 1402 ermordet.

Diese Sage wird nicht nur in den Sagensammlungen von Alfred Meiche und Johann Georg Theodor Grässe überliefert. Interessanterweise ist sie auch im Volk noch lebendig. Noch immer gibt es Familien, die ihren Kindern und Enkeln jenen Grabstein aus dem Hochmittelalter zeigen. Dem bekannten Dresdner Schriftsteller Hubert Gerlach diente die Sage als Vorlage für seinen Roman *Jonas Daniels Schatten* aus dem Jahr 1987: »Daniels ungenannter Gefolgsmann hieß Peter Paul Mutschink und war im Jahr etwa 18 Jahre alt. Ich kenne seinen Namen und seine Geschichte als ein Stück Familiengeschichte von meinem Vater, der sie seinerseits nur von seinem Vater haben konnte, wie der von seinem Vater, meinem Urgroßvater Mutschink, so daß die Erinnerung über die vielen Generationen von Vätern tatsächlich nahezu original auf die jeweiligen Söhne übergegangen und bis heute erhalten geblieben ist. Was ich tatsächlich aus eigener Erinnerung noch heute manchmal sehe oder zu sehen meine ist der nach vorn geneigte Hals meines Vaters, der aussieht, als hätte der Scharfrichter ihn freigelegt, um den Kopf abzuschlagen, wie er Peter Paul Mutschinks Vater den Kopf abgeschlagen hat ein paar Jahre später (so sagte mein Vater, die Hinrichtung der vierzehn Budissiner Ratsherren fand anno domini vierzehnhundertacht statt).

Wir hockten uns vor das Kreuz hinunter, und mein Vater wischte mit der Hand über die eingemeißelten Schriftzeichen und kratzte mit dem Fingernagel das Moos heraus, bis man mit einiger Mühe FINIS MILITIS JONAS DAN lesen konnte.

›Das soll heißen: FINIS MILITIS JONAS DANIEL‹, sagte mein Vater.

›Was heißt das?‹

›Ende des Soldaten‹, sagte mein Vater.

Während Jonas Daniel unsterblich wurde, weil er rechtzeitig starb, blieb Peter Paul Mutschink vorerst am Leben und wurde vergessen. Nur wir, seine Nachkommen, wissen, daß er in seine Geburtsstadt Budissin zurückging, bis er sich Jahre nach der Hinrichtung seines Vaters den Hussiten anschloß. Wir wissen, daß er nach dem Tod Jan Žižkas, des Führers der Taboriten, ein enger Vertrauter und eine Art Adjutant des Großen Prokop als Nachfolger Žižkas war und aus Böhmen erst zurückkam, als ein steifes Bein und gewisse Altersbeschwerden ihn für dieses Amt untauglich machten.«

So viel zu Hubert Gerlachs Erinnerungen und der Erweiterung des sächsischen Sagenschatzes. Gerlach verrät nichts über die Hintergründe des Todes an Jonas Daniel oder darüber, weshalb die Menschen ausgerechnet diese Geschichte bis heute in ihrem Gedächtnis bewahren …

Ich setze mich auf eine Bank. Die Bäume rauschen, als wollten sie etwas berichten. Ich entzünde eine Pfeife. Der Rauch zieht in wunderlichen Kringeln durch den Wald. Wurde Jonas Daniel ermordet? Autoren, Historiker und Fremdenführer haben sich damit beschäftigt, aber keine Antwort gefunden. Herausgekommen sind nur neue Sagen. Aber warum war der Reisige überhaupt mit den Kindern seines Herren im Wald unterwegs gewesen?

Im Rathaus zu Dresden fand 1385 der jährliche Adelsball statt, zu dem der Markgraf von Meißen und Landgraf von Thüringen Wilhelm I., genannt der Einäugige, den Landadel eingeladen hatte. Unter den Gästen befand sich Graf Jeschke von Dohna, der sich die Gemahlin des Ritters Hans von Körbitz aus Meusegast griff und ihr angeblich an die Brust fasste. Der Ehemann war auch nicht faul und stellte dem Grafen daraufhin ein Bein. Nun hagelte es Ohrfeigen und Fußtritte, doch Markgraf Wilhelm sorgte für Ruhe im Saal und drohte Graf Jeschke von Dohna gleichzeitig mit Rache. Diese nicht für Feiern übliche Auseinandersetzung auf dem Ball in Dresden war der Anlass für den Ausbruch der Dohnaischen Fehde, die Sachsen im Folgenden über Jahre hinweg in Atem halten sollte.

Der Konflikt zwischen den Donins und den Körbitz' hatte bald Auswirkungen auf ihr Verhältnis zu anderen Adelsfamilien der Gegend. Wilhelm I. versuchte, die instabile Lage für sich zu nutzen und den Einfluss der Donins zu untergraben, die ihm in seinen Handelsbeziehungen mit Böhmen im Weg standen. Er war erfolgreich und nahm Teile des doninschen Territoriums für sich ein. 1401 ließ er die Festung Dohna belagern. Kurz vor ihrem Fall im Juni 1402 schickte Jeschke von Dohna seine beiden Kinder Wentzsch und Magarethe zu nächtlicher Stunde in Begleitung einiger zuverlässiger Knappen über die Elbe mit der Weisung, durch die Heide zu gehen, um in Königsbrück bei der befreundeten Adelsfamilie von Waldau einstweilige Unterkunft zu suchen.

Der Führer des kleinen Häufleins war ebenjener Jonas Daniel, ein treuer Diener Dohnas und langjährig erprobter Kriegsmann, welcher zugleich eine außerordentliche Ortskenntnis der Gegend besaß und jeden Schleichweg in der Heide kannte. Glücklich gelangten die Flüchtlinge bis zur Straße nach Königsbrück, wo sie plötzlich aus dem Hinterhalt von einer feindlichen Reiterschar überfallen wurden. Der treue Jonas, nur auf die Rettung der jungen Herrschaft bedacht, übergab diese einem Knappen, den er antrieb, die Straße eilig weiterzuverfolgen, welche ihn unfehlbar zum Ziele führte, während er sich mit seinen restlichen Begleitern den Angreifern entgegenwarf und fechtend kämpfte, bis er samt seinen Genossen den feindlichen Streichen erlag.

Mittlerweile waren die dohnaischen Kinder – jedenfalls der Sage Alfred Meiches nach – in Sicherheit gelangt; Balthasar von Waldau sowie der zum Besuch in Königsbrück anwesende Hans von Polenz saßen mit ihren Reisigen sofort auf und eilten zum Kampfplatze, um die Begleiter des alten Jonas schwerverwundet, ihn selbst aber erschlagen aufzufinden.

Zweifellos – die Geschichte über den Auslöser der Dohnaischen Fehde ist reizvoll. Doch sind sich die Historiker keineswegs einig, ob Ritter Körbitz oder Markgraf Wilhelm I. tätlich geworden ist. Darüber existieren vielmehr völlig unterschiedliche Darstellungen. Und entgegen der Erzählung Meiches gehörte der im Rang dem Markgrafen gleichgestellte Burggraf von Dohna weder dem Landadel an, sondern war zweiter Herr von Dresden, noch wohnte die Sippe der Körbitze in Meusegast neben Dohna, sondern im Meißnischen. Über die Adelsprügelei gibt es ebenso wenig einen Aktenvermerk wie über Leben und Tod Jonas Daniels. »Die älteste Quelle stammt aus dem Kloster Nossen, ist aber auch kein Original. Spätere Chronisten lebten Jahrhunderte danach«, hielt der Direktor der Sächsischen Landesbibliothek Hubert Ermisch (1850–1932) fest. »So fanden

Wahres und Erdichtetes Eingang in die Geschichtsquellen.« Kein Historiker konnte bisher Licht in diese Geschichte bringen und den tatsächlichen Ablauf der Fehde rekonstruieren. Sogar die Jahresangaben wechseln in den Darstellungen. Handelt es sich etwa um eine politische Chronisten-Ente?

Die Sonne lässt die Temperatur auf dem Heller steigen. Im Rucksack finde ich noch eine Flasche Radeberger Bier. Derjenige, der vielleicht etwas Licht in die Angelegenheit bringen könnte, ist leider unter diesem Kreuz bestattet. Er schweigt seit mehr als sechshundert Jahren. »Schatten Jonas Daniels, was ist damals hier vorgefallen?« Eine Fehde war schließlich nur ein privater Streit, um ein Unrecht zu rächen. Aber war das hier überhaupt privat, wenn ein kleiner Ritter einen Burgvogt des Königs prügelt? Die Pfeife ist beim Sinnieren ausgegangen, ich muss sie erneut in Brand setzen. »Jonas Daniel, wo finde ich einen Weg in diese Geschichte?«

Im Wald knacken dürre Äste. Aus dem Pfeifenqualm taucht hinter alten Bäumen ein Schatten auf und kommt näher. Die Gestalt wird deutlicher. Ein großer kräftiger Mann in altertümlicher Kleidung kommt auf mich zu. Enganliegende dunkelblaue Hosen, die in Lederstiefeln stecken, knielange Tunika mit vier weiß-hellblauen Feldern, vorn und hinten geschlitzt, in der Hüfte gegürtet. Um die Schultern trägt er einen blauen Rittermantel, den eine Schließe auf der linken Schulter zusammenhält. Auf der Brust prangt das Wappen der Dohnas mit den gekreuzten Stangen eines Hirschgeweihs, welche Mut und Tapferkeit des Ritters symbolisieren. Verblüfft starre ich Ritter Jonas an und nehme vor Aufregung noch einen Zug aus der Pfeife.

»Du bist schon nahe dran, was störst du mich noch?«, sagt er aus dem Dunst mit einer eigenartig hohl tönenden Stimme. »Diese sogenannte Dohnaische Fehde ist ein Historikermärchen. Sie war in Wirklichkeit der schon sehr lange geplante Krieg Markgraf Wilhelms I. von Meißen, Landgraf von Thüringen, gegen meinen fürstlichen Herrn, Otto Heide II. von Dohna, um die gesamte Familie der Donins auszulöschen. Es ging um die Städte, Dörfer und Landesgrenzen im Osterzgebirge. Vorausschauende fürstliche Planung war das, damit kein Erbe mehr übrig blieb. Der einzige Überlebende der Grafen von Dohna war Otto Heide III., der in Prag starb und als Letzter der Dynastenfamilie im Nossener Erbbegräbnis beigesetzt wurde.«

»Glaube ich nicht. Wo soll das stehen?«

»In einer alten Urkunde, der Zellischen Chronik P. ll. 97, kannst du es lesen, sofern du die gotischen Buchstaben entziffern kannst. Ich sage dir, was dort steht: ›Nach Gotis Geburt MCCCC in dem fünfzehnten Jahre (1415), an der Elfftausend Jungwrowen Tage ist gestorben der Edle Herr Heyde Burggrave von Donyn, Ritter, in der Zeit, als dy bose Kezerey (dogma Hussii) sehr obirhant nam, der hier begraben ruhet in Gott Amen. Dicebat. Gott biß mir Sünder gnädig.‹«

»Mag sein, Ritter Daniel, wie aber bist du in diesen kriminellen Rechtshandel geraten?«

»Vergleiche nicht dein Leben mit meinem! In den Städten könnt ihr friedlich und bequem leben, wenn ihr es euch vornehmt. Aber weißt du, welchen Störungen und Aufregungen die Menschen in unserem Stand ausgesetzt sind? Glaubst du, dass ich unter Rittern jemals Ruhe finde? Man lebt auf dem Feld, im Wald und in den bekannten Burgen auf dem Berg. Die uns ernähren sind bettelarme Bauern, denen wir unsere Äcker, Weinberge, Wiesen und Wälder verpachten. Der einkommende Ertrag ist, gemessen an der aufgewandten Mühe, geringfügig; ergo müssen wir uns in den Dienst eines Fürsten stellen.«

»Du sprichst ja wie ein Rechtskundiger.«

»Ich war eines von achtzehn adligen Mitgliedern des weithin berühmten Dohnaer Schöppenstuhls unserer Reichsgrafschaft. Untersuche endlich das Verbrechen! Es ist an der Zeit.«

Der Rauch hat sich verzogen, die Sonne blitzt auf. Der Schatten ist verschwunden, und ich weiß so viel wie vorher. Das Kreuz steht noch immer als Mahnmal an seiner Stelle. Es erinnert die Dresdner bis heute an einen Rechtsfall aus dem fünfzehnten Jahrhundert. Vielleicht ist es gerade deshalb von etwas Romantischem umgeben, weil der Fall nie geklärt wurde. Das möchte ich nachholen und mache mich auf die Suche nach dem Ursprung der Dohnaischen Fehde.

König Heinrich I. hat 934 Deutschlands Grenzen bis zur Oder und zum Kamm des Erzgebirges verschoben, in einen undurchdringlichen Urwald. Durch das Osterzgebirge führten seit der Steinzeit einige wenige Handelswege, die nun zu den wichtigsten im Reich gehörten. Was war zu jener Zeit derart wertvoll, dass man es auf so gefahrvollen Routen transportierte? Es war das Salz. Heute liegt es im untersten Regalfach und kostet nur wenige Cent, doch im Mittelalter war es kostbar wie das Gold, mit dem es aufgewogen wurde. Dieses Würzmittel brauchte jeder, um dem täglichen Mehl-, Hirse- oder Grützebrei etwas Geschmack zu verleihen. Doch es hatte früher noch eine andere, viel bedeutendere Funktion: Salz war als Konservierungsmittel unverzichtbar. Vor allem als sich während der kleinen Eiszeit ab dem fünfzehnten Jahrhundert die Missernten häuften und die Bauern – wo es möglich war – auf Viehwirtschaft umstiegen, wurden für die Verarbeitung zu Käse oder Fleischwaren große Mengen Salz benötigt. Der hohe Preis war unter anderem den mehr als beschwerlichen Transportwegen geschuldet. Sie mussten so gesichert sein, dass die Händler dem ständig wachsenden Bedarf nach Gewürzen gerecht werden konnten, von Straßen war jedoch beim besten Willen noch nicht zu sprechen.

König Konrad III. brauchte 1144 einen verlässlichen Mann an der Elbe im Gau Nisani, um die wichtige Passstraße aus Böhmen ins Reich durch den osterzgebirgischen Dunkelwald zu sichern. Seine Wahl fiel auf den Ritter Heinrich von Rötha – auch bekannt als Heinrich von Rothewa –, der in die sorbische Burg Dohna einzog. Er wurde reichsunmittelbarer Burggraf und nannte sich fortan von Dohna. Kaum einer wird ihn beneidet haben, in diese Wildnis zu ziehen, der Landstrich musste schließlich erst kultiviert werden, um bewohnbar zu sein – eine Sisyphusarbeit. Er nannte sich nun Heinrich I. von Dohna und war somit der

Stammesvater des Adelsgeschlechts von Donin, unter dessen Herrschaft diese unwirtliche, gottverlassene Gegend einen gewaltigen Entwicklungsschub bekam. Und so begann auch der Aufstieg einer der bedeutendsten deutschen Adelsfamilien. Doch, Dohna, wo liegt dieses Gebiet eigentlich, das später zum Zankapfel werden sollte?

Im Müglitztal, nahe zum Königreich Böhmen gab es einst ein vergessenes Land mit der alten Burg Dohna. Kaiser Friedrich Barbarossa, der Nachfolger König Konrads III., ließ an der Stelle dieser Burg eine Festung errichten, um die Transitstraße von Böhmen über den Nollendorfer Pass nach Leipzig und zur Ostsee sicherer zu machen. Möglicherweise handelte es sich um die größte im Heiligen Römischen Reich zu jener Zeit. Sie umfasste zehn dicke, starke Sandsteintürme und fünfzehn geräumige Häuser. Die Burgmauer erstreckte sich über zwei Berge und war mehr als einen Kilometer lang. Von dort aus sollte ein kaiserlicher Beamter die Besiedelung der Erzgebirgstäler organisieren sowie alle wirtschaftlichen, rechtlichen und militärischen Aufgaben wahrnehmen. Als Grenzen dieser Burggrafschaft bestimmte der Kaiser im Norden die Elbe, im Süden die Weißeritz, im Westen die Markgrafschaft Meißen und im Osten das Königreich Böhmen. Die ihm direkt unterstehenden fürstlichen Burggrafen von Dohna erhielten den Auftrag, nach seinem Plan Dresden und dort die erste steinerne Elbbrücke zu bauen. Sie erhoben die Steuern in der Stadt sowie den Fernhandelszoll am Elbübergang und hatten Anspruch auf ein Drittel dieser Einnahmen. Schmerzlich und entehrend für die wettinischen Markgrafen zu Meißen.

Diese Entscheidung des großen Kaisers war unter sachsentreuen Historikern umstritten, bis schließlich ein Archäologe die Fundamente der Neustädter Brückenpfeiler freilegte, die tatsächlich das doninsche Wappen als Beweis dafür freigaben, dass die Burggrafen von Dohna den kaiserlichen Befehl ausgeführt hatten. Zu aller Überraschung datierte der sächsische Landesarchäologe Reinhard Spehr 1986 Steine und Wappen bereits auf die Mitte und nicht erst auf das Ende des zwölften Jahrhunderts, was die Historiker eigentlich dazu bringen müsste, ihre Bücher umzuschreiben. Doch nichts da. Selbst heute findet sich zu diesem Kuriosum nirgends eine Zeile. So spiegelt sich die Geschichte der Burggrafen von Dohna noch immer im Zwielicht der Geschichte.

Die weitere Besiedlung der Burggrafschaft war Thema eines Ritterthings, einer Vasallenversammlung auf der Burg Dohna. Mehr als zwanzig Ritter versammelte Burggraf Otto I. Mitte des dreizehnten Jahrhunderts in der großen Halle. Die Anwesenheitsliste ist abhanden gekommen. Es waren alles Zweit- und Drittgeborene aus mitteldeutschen Geschlechtern, die nicht erbberechtigt waren und das Angebot des Burggrafen angenommen hatten, hier eine eigene Burg zu errichten. An der Stirnseite saßen der Fürst, rechts von ihm ein Mönch aus dem Kloster Zelle in Nossen und links einer aus Ossegg sowie der Priester aus der Dohnaer Kirche als Schreiber. Jeder hatte einen großen Krug Dresdner

Bier vor sich. Der Fürst erhob sich und streckte seinen Krug vor. Rasselnd standen die Vasallen auf und taten ihrem Lehnsherrn Bescheid. Nachdem sich alle wieder gesetzt hatten, berichtete der Graf, das Märzenbier stamme aus seinem neuen Kastell an der Dresdner Elbbrücke. Nun gehe der Ausbau der Grafschaft weiter, seine Lehensmänner sollten neue Lokatoren nach Thüringen und Franken senden, um weitere Bauern anzuwerben, die neue Gebiete in der Grafschaft roden sollten.

Der Schreiber wollte die Konditionen wissen: »Persönliche Freiheit, fünf Hufen Land und sieben Jahre abgabenfrei?« Es wurde ihm bestätigt. Die Ritter rasselten mit den Schwertern. Sie würden neue Dörfer gründen und den Dunkelwald weiter zurückdrängen. Planung und Technologie lagen in den Händen der Klöster Nossen und Ossegg. Der Graf wandte sich jetzt an den Pater aus Ossegg. Aus Böhmen müsse er weitere Glasmacher ins Gebirge holen, damit das überzählige Holz vom Roden verfeuert würde. Die Kirchen seines Landes brauchten schließlich Glasfenster. Der Zisterzienser nickte stumm. Er werde einen Boten senden.

Eine besondere Gnade des Himmels war es schließlich, dass ausgerechnet hier ziemlich häufig Eisenerz zutage trat. Schließlich war der Verschleiß an Äxten, Keilen, Hämmern, Sägen und Pflügen enorm. Aus Lauenstein, Berggießhübel und Reichstädt kamen die Erze, welche in den Flusstälern wie beispielsweise bei Schlottwitz zu schmiedbarem Eisen wurden. Für Dippoldiswalde und das Müglitztal seien deshalb weitere

Bergknappen nötig, um die Silberförderung zu steigern. Bei Berggießhübel müssten weitere Eisengruben entstehen. In Nossen sei alles genau aufgezeichnet. Auch die Pläne für neue Dorfgründungen seien vorbereitet. Der Pater aus Nossen versicherte, einen bergkundigen Bruder zu senden, wenn die Siedler einträfen. Da zumeist Bauernsöhne aus den Gebieten der Mainfranken und Thüringer kämen, zögen sie sicher über Nossen. Danach wurden die Lagepläne für die neuen Dörfer in den Tälern der Gottleuba, der Müglitz und der Weißeritz ausgebreitet.

Der Graf klatschte in die Hände und rief nach neuen Bierkannen: »Diesmal Schweidnitzer aus Breslau!« Die Herren Ritter müssten nun nachdenken, wie genügend Thüringer ins Land kämen. Dann winkte er seinen Vogt heran, er solle neue Werber zu den Bergknappen in den Harz und nach Thüringen senden, damit sich in der Genossenschaft seiner Stadt Dippoldiswalde weitere Dhöringe ansiedelten. (Damit sollte die Frage meines Freundes Paul Döhring geklärt sein, wo seine Vorfahren herstammten.) Jedenfalls sehen es die Gebrüder Grimm so.

Trotz der ersten Siedlungswelle sah es im Gebirge noch immer unheimlich aus. Wisente, Elche und Auerochsen zogen durch die Wälder. Der Vorteil war, dass diese Grasfresser große Waldwiesen freihielten. Diese waren geeignete Siedlungsplätze für neue Ankömmlinge. Wagner und Radmacher müssten in Gottleuba, Liebstadt, Dippoldiswalde und in Maxen angesiedelt werden. Darüber hinaus sei es nötig, ausreichend Vorspannpferde und

Zugochsen bereitzuhalten. Außerdem seien Rasthäuser und eine Schmiede notwendig. Verkehrsregeln seien im *Sachsenspiegel* aufgezeichnet. In dem Gesetzbuch heißt es: »Der leere Wagen soll dem geladenen ausweichen und der minder geladene dem schwereren. Der Reitende weiche dem Wagen und der Gehende dem Reitenden. Sind sie aber auf einem engen Wege oder auf einer Brücke, und verfolgt man einen Reitenden oder einen zu Fuß; so stehe der Wagen still, bis sie vorüber kommen mögen. Welcher Wagen eher auf die Brücke kommt, der soll zuerst darüber gehen, er sei leer oder geladen.« Die Ritter klopften mit den Bierkrügen, um zu zeigen, dass Vorspannpferde in jeder Burg zu haben wären.

Burggraf Otto I. schob je einen Beutel mit dohnaischen Brakteaten über den Tisch zu den Padres. »Dafür lest ihr regelmäßig Messen für das Seelenheil meines Vaters Heinrich II., dessen Politik wir hier vollenden werden.« Gleichzeitig winkte er seinen Mundschenk heran. »Eine neue Kanne für die Pfaffen!«

Ab Mitte des dreizehnten Jahrhunderts veränderte sich tatsächlich das Gesicht des Dunkelwaldes im Gebirge völlig. Immer neue Siedler wanderten ein. Die Täler der Gottleuba, Müglitz und Weißeritz waren bald besiedelt. Straßen durchzogen die Region. Die heutige A17 kann man deshalb ohne Übertreibung als eine der ältesten Fernverbindungen bezeichnen. Mit den Kolonisten waren auch Sattler, Zimmerleute, Glasmacher, Hufschmiede, Kesselflicker, Schneider, Drechsler, Schmiede und Gerber gekommen. In Dohna, Pirna und Dippoldiswalde wuchsen Kirchen in den Himmel, und damit entstanden erste Lateinschulen. Die Klöster unterstützten die Grafen aber auch beim Aufbau einer funktionierenden Verwaltung des kleinen Landes, was die Abrechnungen beweisen. Seit Mitte des vierzehnten Jahrhunderts gab es sogar Schulbildung.

Silber, Salz und Zoll füllten die Kassen der Burggrafen von Dohna, so dass diese bald zu den Reichsten im deutschen Reich zählten. Sie ließen eigenes Geld prägen. Bereits seit 1279 besaß die Familie ein eigenes Erbbegräbnis in Nossen-Altzella mit eigener Kapelle. Der erstmals 1390 bezeugte Dohnaer Schöppenstuhl wurde im ganzen Reich berühmt, unter den Urteilen prangte das eigene Siegel. Damit war es an der Zeit, eine Landesherrschaft anzustreben. Die zentrale Reichsverwaltung hatte sich ohnehin aufgelöst, das führte zwangsläufig zum Erstarken der kleineren, überschaubaren Herrschaften. Diese politische Konstellation nutzten die Reichsgrafen im kleinen Müglitztal tatkräftig, um eine unumschränkte Dynastie aufzubauen. Ihr Dominium war durch Burgen nahezu abgegrenzt und dadurch als Herrschaftszone unschwer auszumachen, was eine Vorstufe zur Landesherrschaft war. Die »Herren« Markgrafen von Meißen würden sich daran gewöhnen müssen, dass es zwischen ihnen und dem König von Böhmen eine weitere einflussreiche Adelsfamilie gab. Die Wettiner waren unmündige Knaben, sie würden Otto Heyde II. (Burggraf 1336–1385) von Dohna kaum daran hindern können, seinen Einfluss weiter auszubauen. Die Chance, Landesherren zu werden, stand für die Donins also mehr als günstig.

Das war die Ausgangslage für die eine der beiden Parteien jenes Konflikts, auf den Jonas Daniel angespielt hatte. Nun gilt es noch, die wettinische Seite zu klären, um beurteilen zu können, was rechtens und was möglicherweise kriminell war.

Nachdem der Markgraf von Meißen und Landgraf von Thüringen Friedrich der Ernsthafte auf Anraten seiner Mutter die deutsche Kaiserkrone an Karl IV. auf der Dresdner Elbbrücke verkauft hatte, verstarb er 1349 überraschend. Nun war guter Rat teuer, denn der Verstorbene hinterließ vier unmündige Söhne. Was tun, um das Territorium heil durch die entwurzelte Ritterwelt des vierzehnten Jahrhunderts zu steuern? Glücklicherweise hatten die jungen Fürsten eine Großmutter, die in der Lage war, dieses Problem zu lösen. Es regierte also die Landgräfin Elisabeth die Jüngere von Lobdeburg-Arnshaugk. Als Erstes erreichte sie, dass die vier Enkel das Land nicht teilten, sondern geschlossen auftraten. Ein wohl nahezu einmaliger Fall. Kaiser Karl IV. belehnte die Wettin-Brüder 1350 gemeinsam in Bautzen. Der vierzehnjährige Balthasar zog auf die Wartburg und erhielt Thüringen, der siebenjährige Wilhelm bekam Meißen und regierte von Dresden aus. Friedrich III. wurde als Achtzehnjähriger Markgraf des Oster- und Pleißnerlandes. Er regierte von Landsberg aus und war gleichzeitig Vormund seiner Brüder. Die Historiker sind sich in diesem Falle alle einig: Die alte Landgräfin hat ein herausragendes Stück diplomatischer Geschichte Deutschlands zuwege gebracht und die Weichen für Meißen-Sachsen in der Neuzeit gestellt.

Friedrich III. war bereits 1346 gewinnbringend mit Katharina von Henneberg verheiratet worden. Nach dem Tod ihres Vaters 1347 ging das Gebiet um Coburg und Sonneberg in den Familienbesitz der Wettiner über. Die meisten der heute noch bestehenden europäischen Königshäuser stammen letztlich aus der besonders fruchtbaren Seitenlinie Sachsen-Coburg und Gotha. Ein weiteres Problem bereitete der Regentin große Sorgen. Kaiser Karl IV. umklammerte von Prag aus Meißen. Ihm gehörten bereits Brandenburg, die Lausitz, Böhmen und die Oberpfalz. Elisabeth bereitete folglich eine diplomatische Offensive vor. Für den vierten Bruder, Ludwig von Wettin, war kein Stück Land mehr übrig geblieben. Die Großmutter entschied, dass er Bischof werden und die Familie von dieser Seite aus unterstützen solle. Dafür sollte er Meißen und Naumburg zunächst von der Befehlshoheit des Erzbistums Prag befreien. Ludwig schied zwar nicht ungern aus der Erbfolge aus und musste auch nicht lange überzeugt werden, in den geistlichen Stand einzutreten, doch alle Erwartungen seiner Großmutter konnte er nicht erfüllen. Er erhielt 1358 siebzehnjährig das Bistum Halberstadt. 1366 war er Bischof von Bamberg und 1374 bereits Erzbischof von Mainz. Nachdem er von einem Gegenbischof abgelöst worden war, bekam er das Erzbistum Magdeburg. Der Geistliche führte den Beinamen Saltarellus. Der Saltarello war ein gerade aufgekommener Modetanz. Er wurde in dieser Zeit abwechselnd immer nur von einem Paar getanzt, das die übrigen umstehend beklatschten. Saltarello wird »rasch und hüpfend, mit steigender Schnelligkeit, wesentlich mit dem Oberkörper getanzt, der Mann spielt im Tanz meist die Gitarre, die Frau schlägt das Tamburin oder hebt anmutig die Schürze; die leidenschaftlichen Bewegungen, hüpfenden Wendungen und die geschickte Entfaltung der Körperform erinnern an die altrömischen Bacchustänze.« Bischofskollegen haben ihm das übelgenommen.

1382 griff dann der Himmel ein. Erzbischof Ludwig war im Stadthause zu Calbe auf einem Tanzvergnügen. Als dort ein Feuer ausbrach, soll der Geistliche einer thüringischen Historiker-Version nach eine ehrbare Dame beim Arm gefasst haben und mit ihr die Treppe hinabgeeilt sein. Um ihr nicht auf den Rock zu treten, soll er die Treppenstufe verfehlt haben, gestürzt sein und sich das Genick gebrochen haben. Einer anderen, glaubhafteren Version nach soll Ludwig die Treppe noch einmal hinaufgelaufen sein, um das Liebste zu retten, was er besaß – seine Geliebte. Die einstürzende Treppe habe ihn dann begraben. Seine letzte Ruhestätte hat er im Magdeburger Dom gefunden. Man sollte meinen, es war ein ehrenvoller Tod im Dienste der schönen Frauen.

Der kleine Wilhelm I. betrat auf Anordnung seiner Großmutter ein völlig anderes Parkett. Er wurde Lehrling bei keinem Geringeren als Kaiser Karl IV. Einige Historiker behaupten, er sei Analphabet gewesen. Quelle hierfür ist offenbar ein offizieller Brief von ihm an seinen Bruder Ludwig, in dem steht: »Ich kann doch nicht schreiben.« Die Historiker des Hauses Sachsen haben ihn vielleicht deshalb nahezu einhellig kaum beachtet. Doch Dr. André Thieme von der Schlösserverwaltung Sachsen gibt Entwarnung: »Man kann davon ausgehen, dass alle Fürsten lesen und schreiben konnten.«

Im Frühherbst 1350 ritt eine kleine Reiterkavalkade aus der Dresdner Burg des Markgrafen auf Bomätscherpfaden durchs Elbtal in Richtung Böhmen. Für den Siebenjährigen begann seine Zeit als Page auf der Prager Burg. Karl IV. hatte dafür extra ein geräumiges Haus zur Verfügung gestellt, um die Wettiner an sich zu binden und Meißen-Thüringen irgendwann zu kassieren. Doch es kam dann, wie so oft in der Geschichte, wieder einmal völlig anders. Man hatte mit dem kleinen Wilhelm nicht gerechnet.

Karl, damals römisch-deutscher König und König von Böhmen, folgte bei der Ausbildung genau dem Lehrplan, den er selbst am französischen Hof in Paris erlebt hatte. Nur dass Wilhelms Lehrer kein späterer Papst war, sondern der Prager Augustiner-Chorherr Vitalis aus dem Umfeld des Kanzlers Johannes von Neumarkt. Obwohl die Zeit des Ritteradels seit Beginn des vierzehnten Jahrhunderts ablief, hielt der König den Stand der Ritter noch hoch. Der Weg des Kleinen würde genau wie bei ihm selbst hart und steinig werden. Die ersten fünf Jahre als Page waren zweifellos die angenehmsten. Sie begannen mit dem Erlernen höfischer Umgangsformen, wofür Wilhelm in die Obhut der Königin Anna und ihres Hofstaates gegeben wurde. Als angehender Weltmann musste er feines Auftreten beherrschen. Dazu übte er sich in Manieren und bediente bei Tisch. Vor allem musste er sich in ritterlichem Benehmen der Königin und ihrer Hofdamen gegenüber schulen. Pater Vitalis machte ihn dazu mit allen höfischen Tugenden vertraut. Die Staete, das Festhalten am Guten, und die Mâze, das Maßhalten bei allem, waren die Grundvoraussetzungen aller Rittertugenden. Damit war ein wichtiger Schritt in die Zukunft getan. Wilhelm hatte gelernt, wie man mit Frauen umgehen musste, was auf Königin Anna offenbar einen so großen Eindruck hinterließ, dass sie für ihn nach Heiratskandidatinnen in der Familie suchte.

Im Jahr 1355 wurde Karl in Rom durch einen Kardinal zum deutschen Kaiser gekrönt. In diesem denkwürdigen Jahr wurde Wilhelm zwölf, und Kaiser Karl IV. übernahm die wichtigsten Teile der weiteren Erziehung selbst. Die Höflinge bildeten Wilhelm nun auf kaiserliche Anweisung im speziellen Ritterhandwerk aus. Dazu gehörten zunächst täglich Fechten und Schwertkampf, anfänglich noch mit hölzernen Waffen. Er wurde zielgerichtet abgehärtet und regelmäßig zur Jagd mitgenommen. Aber auch Schwimmen und Ringen waren wichtige Disziplinen. Selbst das Aufstellen von Vogelfallen war Teil des Lehrplans. Nach zwei weiteren erfolgreichen Jahren ernannte ihn Karl IV. zu seinem persönlichen Knappen. Wilhelm stand nun bei Mahlzeiten, Beratungen, Versammlungen und sonstigen Aufgaben an der Seite seines Herrn. In der freien Zeit standen die perfekte Reittechnik, Faustkampf und Armbrustschießen auf dem Stundenplan. Während der

Ausritte hatte er dem Kaiser in die Rüstung zu helfen, seinen Schild und den Helm zu tragen. Wilhelm war auf bestem Wege, ein Ausnahmeritter zu werden. Die Freisprechung, oder besser die Schwertleite, erfolgte zur Volljährigkeit. Vierzehnjährig wurde er zum Miles Christi, zum christlichen Ritter, geschlagen. Auf die ritterliche folgte die Ausbildung in Staatskunst. Karl IV. war unbestrittener Meister in Diplomatie, Strategie, staatlicher Taktik – zusammengefasst: in persönlicher politischer Verschlagenheit. Die staatliche Verwaltung sollte Wilhelm in der kaiserlichen Kanzlei an der Seite des Kanzlers Johannes von Neumarkt kennenlernen. Kaiser Karl IV. klatschte in die Hände. »Bischof Johannes zu mir!«

Wenig später öffnete sich die Tür. Kanzler Johannes von Neumarkt in seiner schwarzen Augustinerkutte trat mit gespanntem Blick vor seinen Herrn. »Hören heißt gehorchen!«

»Bischof von Leitomischl, weihe den Markgrafen von Meißen in deine kaiserliche Verwaltung ein. Mal sehen, was er dann sagt. Wegtreten!« Der Kaiser trat ans Fenster und blickte sinnend auf seinen Dom. Plötzlich fiel ihm noch etwas ein. »Kanzler, ich will wissen, wie der junge Fürst reagiert.«

Über einige Treppen gelangten Wilhelm und der Kanzler kurz darauf in einen großen Saal. »Das Scriptorium der kaiserlichen Kanzlei des Heiligen Römischen Reiches.« Wilhelm sah ein Wirrwar von Schreibpulten, an denen Mönche arbeiteten. Als er aus dem Fenster blickte, erkannte er, dass der Kaiser interessiert herüberblickte. Es ging offenbar um etwas Bedeutendes. »Bischof, wo sind wir hier?«

»In der kaiserlichen Verwaltung des Heiligen Römischen Reiches.«

Ein Mönch stand auf und schritt zu drei anderen Mönchen, die nebeneinander auf einer Bank saßen und sich mit den Federkielen abmühten. Der Schreibmeister blickte nur kurz auf ihr Pergament, deutete auf eine Minuskel und forderte, alles noch einmal abzuschreiben. Plötzlich hielt er inne, richtete sich auf und verneigte sich wortlos vor Wilhelm, wobei sein Blick auf dem Meißner Löwen geheftet war. »Ich schreibe gerade an Landgraf Balthasar von Thüringen und Markgraf Friedrich von Meißen.«

Wilhelm zeigte Interesse. So eine Kanzlei könnten er und seine Brüder auch brauchen. Diesen Meister der Scriptoren wollte er in Dresden. Er sollte alles für eine Kanzlei und das Archiv der Mark Meißen vorbereiten. Wilhelm blickte zu Bischof Johannes auf. »Bischof, verzeiht. Kann ich diesen Mann haben? Meißen braucht eine Kanzlei wie diese, nur eben kleiner.«

»Ihn gerade nicht, den braucht der Kaiser, aber einen anderen aus Meißen sollst du bekommen.« Johannes von Neumarkt strich sich nachdenklich über das Kinn. Eine gescheite Idee. Die kaiserlichen Urkunden werden nur dann zu einem wirkungsvollen Machtinstrument, wenn sie überall verstanden und nach einem einheitlichen Konzept aufgesetzt werden.

Sie setzten ihren Rundgang fort, und der Kanzler erklärte, wo Briefe geschrieben, eingehende archiviert,

Ernennungen, Gesetze und übertragene Liegenschaften ausgefertigt wurden. Vor einem erhöhten Schreibpult blieb er stehen: »Hier arbeitet der Protonotar. Er entscheidet, welches Wort und welche Schrift verwendet werden.« Neben ihm stand ein Bücherregal. Johannes von Neumarkt schlug einen der Folianten auf. »Diese Formelbücher habe ich für unsere Reichskanzlei entwickelt. Es ist eine kunstvoll geordnete Sammlung aller Arten des Schriftverkehrs von der feierlichen Kaiserurkunde, über Fürstendiplome, Urkunden, Stadt- und Landtafeln, Briefe aller Art. Diese Sammlung habe ich nach dem Vorbild der päpstlichen Kanzlei geschaffen. Sie soll die Grundlage der Arbeit aller Hofkanzleien werden. Wir verwenden Ostmitteldeutsch, das in ganz Deutschland verstanden wird, außer in Bayern.«

Der Vierzehnjährige blätterte vorsichtig bis zu den Landtafeln. »Gilt das hier auch für die Mark Meißen?«

»Der Eintrag adliger Güter in die Landtafel hat den Zweck, den Adel klar abzugrenzen. Nur wer ein in der Landtafel registriertes Gut hat, gehört zum böhmischen Adel und darf am Landtag teilnehmen. Das erhoffe ich auch von Meißen!«

»Dann möchte ich so ein Formelbuch haben und einen Domherren als Kanzler.«

»Einverstanden. Deinen Kanzler werden wir beim Bischof von Meißen finden. Das Kopieren dieser Briefmuster wird aber einige Zeit dauern und ist nicht gerade billig.«

»Ich bitte darum!«

Briefsteller gab es also schon im Hochmittelalter, lange vor Paul von Schönthans Bestseller *Die elegante Welt. Handbuch der vornehmen Lebensart im gesellschaftlichen und schriftlichen Verkehr*, Berlin 1899. Heute greift man dagegen auf kostenlose Briefvorlagen zurück.

Als die beiden wieder in den Wladislawsaal traten, empfing sie der fragende Blick des Kaisers. Bischof Johannes lächelte breit. »Das Prager Kanzleideutsch wird künftig auch in Meißen, Thüringen und im Osterland verwendet werden.« Er drehte sich um und verschwand durch die geöffnete Tür. »Habe zu tun!«

Der Kaiser stand am geöffneten Fenster und blickte in den Burghof. Sein Veitsdom wuchs sichtbar. Mit einem geschickten Winkelzug hatte er den Papst überzeugt, für die Hauptstadt seines Reiches einen Erzbischof zu ernennen, der auch über den Bischof von Meißen, den von Naumburg und Halberstadt gebot, womit die Chancen stiegen, die Mark Meißen irgendwann dem Königreich Böhmen einzuverleiben. »Wilhelm von Wettin, trete näher. Ich muss mit dir reden.«

Wortlos stellte sich der Halbwüchsige in angemessenem Abstand hinter seinen Herrn und Lehrmeister.

»Wilhelm, siehst du dort unten die herrlichen Gewölberippen wachsen? Von dort werden künftig die Befehle für deinen Bischof in Meißen kommen.« Dabei lachte der Luxemburger hintergründig. »Ich musste die Abhängigkeit meines Bischofs vom Metropoliten in Mainz aufheben lassen. Prag wurde 1344 endlich zum Erzbistum erhöht.«

»Kaiserliche Majestät, das gibt Probleme mit mir, fürchte ich.«

»Was willst du gegen Rom unternehmen?«, fragte Karl IV. beiläufig, während er sich an den Ornamenten erfreute, die sein neuer Baumeister Peter Parler entworfen hatte.

Wilhelm folgte dem kaiserlichen Blick. »So einen Dom bauen wir auch in Meißen als Zeigefinger unserer Macht. Wie hier ist das Langhaus leider noch nicht fertig.«

»Du weichst aus. Was willst du gegen Rom machen? Ich kenne den Papst, weil er mein Lehrer war.«

»Nachdenken und vor allem hier die dazu nötige Diplomatie und Unverfrorenheit lernen.«

Karl IV. drehte sich ruckartig um und betrachtete seinen Knappen ausgiebig. »Wilhelm von Wettin, ich glaube, du wirst mein bester Schüler. Du bringst alles mit, was man auf dem politischen Parkett braucht. Hat dir Gottfried von Freiberg gesagt, woran er schreibt?«

»Ich habe nicht darauf geachtet. Mich interessieren die Landtafeln. Das will ich in Dresden einrichten. Kaiserliche Majestät, mein Land sieht aus wie der bunte Flickenkittel eines Bettlers, überall verpfändete Güter und Städte. Das will ich ändern!«

»Ich weiß, vieles davon ist böhmischer Besitz. Ich denke da an Glauchau, Dohna, Eilenburg, Leisnig, Pirna …«

Die große Tür wurde in dem Moment geöffnet. »Bruder Gottfried aus dem Scriptorium!«

Der Mönch kam langsam näher, in der vorgestreckten Rechten hielt er ein Pergament, das er dem Kaiser reichte. »Hier ist das gewünschte Schreiben.« Danach wandte er sich um und verschwand.

Kaiser Karl IV. blickte flüchtig auf das Blatt. »Das ist deine Einladung. Nächste Woche, am 1. März 1358, bestätige ich den Landgrafen Friedrich, Balthasar und Wilhelm von Thüringen den Weinzoll zu Gotha. Anlässlich dessen wollen wir ein gegenseitiges Bündnis schließen. Zur Feier des Tages plane ich dann noch eine Verlobung, wie sie Königin Anna gewünscht hat.«

Für Wilhelm würde das gegenseitige Bündnis allerdings nur so lange dauern, bis der Kaiser wieder seine Finger nach Meißner Besitz ausstreckte. So viel hatte er bereits von Diplomatie gelernt. Doch für diesen Fall hatte der geschickte Luxemburger bereits vorgesorgt und versucht, die Wettiner an sich zu binden. So hatten sie durch ihr Haus auf dem Hradschin bereits Zutritt zur kaiserlichen Burg. Nun sollte die Bindung auch verwandtschaftlicher Natur werden. Wilhelms Brüder hatten den Schritt genau geprüft, ohne die Schlingen auch nur zu ahnen. Er wurde mit der Nichte des Kaisers verlobt. Wilhelms Schwiegervater würde Markgraf Johann Heinrich von Mähren werden, Karls jüngerer Bruder. Zwar war Elisabeth von Mähren erst drei Jahre alt, doch würde sie etliche Städte und Besitzungen mit in die Ehe bringen, weshalb seine Brüder keinen Moment gezögert hatten. Die Heirat sollte aufgrund des Alters des Brautpaares erst 1366 stattfinden. Die junge Markgräfin würde anschließend nach Dresden oder Tharandt ziehen. Die nun blinde Landgräfin von Lobdeburg-Arnshaugk bestimmte bereits bei der Verlobung eine ihrer Hofdamen, welche die künftige Markgräfin Elisabeth von Meißen unter ihre Fittiche nehmen sollte.

Für Wilhelm galt es bis zur Hochzeit noch ein straffes Programm abzuarbeiten, das Kaiser Karl für seinen Musterschüler vorbereitet hatte. So verständigten sich der Kaiser und Wilhelm 1358 zu einem neuerlichen gemeinschaftlichen Angriff auf die Vögte von Weida, Plauen und Gera, die gezwungen wurden, die Lehensabhängigkeit der meisten ihrer Besitzungen von dem Markgrafen anzuerkennen. Und weiterhin verstand es Wilhelm ein Stück des Vogtlandes nach dem andern an sich zu bringen, wenn es ihm auch nicht gelang, den böhmischen Mitbesitz ganz daraus zu verdrängen. 1356 hatte sich Wilhelm in des Kaisers Gefolge auf dem Reichstag zu Metz befunden. Bei dieser Gelegenheit soll Karl IV. im Kloster Hohenberg im Elsass einen Arm aus dem Grab der heiligen Odilia entfernt haben, wovon Wilhelm ein Stück in seinem Wams verschwinden ließ. Auch in den folgenden Jahren war Wilhelm fast beständig in der Umgebung des Kaisers anzutreffen, oft weilte er monatelang in Prag, wo ihm wohl das vom Kaiser den Markgrafen geschenkte Haus zur Wohnung gedient haben mag. Im Sommer 1360 nahm er am Zug gegen die Grafen von Württemberg teil, was ihm wichtige Eindrücke für den Umgang mit den Donins vermittelte. 1365 leistete er seinem Herrn Beistand gegen die Räuberbanden englischer Söldner, die im Elsass ihr Unwesen trieben. Von dort ritten sie rhoneabwärts bis Avignon, wo Markgraf Wilhelm vom Papst empfangen wurde. In den Gesprächen ging es ausschließlich um den Meißner Dom. Angeblich ließ Wilhelm bei dieser Gelegenheit die Reliquie der heiligen Odilia als Prunkstück des Altars der Heiligen weihen. Damit verbunden war die Erlaubnis zu einer Wallfahrt zum Meißner Dom. Danach ging es nach Arles, wo sich Karl zum König von Burgund krönen ließ. Von der berühmten Camargue hat Wilhelm nichts zu sehen bekommen, da der Kaiser vor Ende Oktober wieder auf dem Hradschin sein wollte. Tausendvierhundert Kilometer brauchten trotz regelmäßigen Pferdewechsels ihre Zeit.

Im folgenden Frühjahr wurde der zweiundzwanzigjährige Markgraf Wilhelm von Meißen mit der elfjährigen Elisabeth von Mähren verheiratet. Als Hochzeitsgeschenk wurde der Markgräfin die Stadt Dresden zum Leibgedinge verschrieben, dazu gelobten Bürgermeister, Räte und die ganze Stadt, ihr nach dem Ableben des Markgrafen gehorsam zu sein. Nach der offiziellen Feier folgte das Beilager. Männer und Frauen des Hofstaates trugen Braut und Bräutigam in ihrer fürstlichen Robe in das Ehebett und zogen die Bettdecke über beide. Erst damit waren sie verheiratet. Der Erzbischof von Prag und gleichzeitig auch Bischof Meißen vollzog den Akt. Er segnete das Ehebett als die Werkstatt der Liebe, damit auf dieser Arbeit der Segen Gottes ruhe. Doch Hochwürden muss sich bei dem Segen vertan haben, denn zu Nachkommen haben sie es trotz eifriger Übung nie gebracht. Interessanterweise sind sich die Historiker hier ohne schlüssige Beweise ziemlich einig, dass die beiden eine sehr gute Ehe geführt haben. Doch ihre Zeit füreinander war begrenzt. Die Aufgabe des Markgrafen hieß Meißen.

1368 begleitete Wilhelm den Kaiser nach Italien, erstmals als Markgraf von Meißen an der Spitze einiger

Meißner Ritter, alle kenntlich an dem Löwen auf dem Überwurf. Für Wilhelm wurde extra ein Packpferd mitgeführt, das seine in Prag maßangefertigte und fünfzig Kilogramm schwere Ritterrüstung, Schild, Schwert und Lanze trug. Nach dem Ritterschlag am Mailänder Hof durfte er sich verabschieden und nach Hause reiten. Es gab mehr als genug in Meißen zu tun. Seine Landesherrschaft musste endlich eine Territorialherrschaft werden. Dazu gehörte das Zurückdrängen böhmischer Herrschaftsstützpunkte in seiner Markgrafschaft. Dank seiner kluger Ideen und seines seltenen diplomatischen Geschicks kamen bis 1400 Mühlberg, Eilenburg, Colditz, Strehla, Düben, Leisnig und Prettin unter seine Herrschaft. Es fehlten nur noch Pirna und die Burggrafschaft Dohna. Für das Bistum Meißen erlangte er die faktische Exemtion. Der Meißner Dom war der Brennpunkt des gesellschaftlichen Lebens und für Wilhelm ein Statussymbol und die Legitimation seines Handelns. Johannes Rothe, ein Zeitgenosse, schrieb über seine Aktivitäten: »Alles, was er plante, geschah in seinem Sinne.« Das geschah durch gewaltsame Unterwerfung von Gütern, Städten und Ländereien. Dabei wartete er stets geduldig, bis die Probleme ausgereift waren. Damit war der Zeitpunkt gekommen, eigene Hofinstitutionen aufzubauen: Marschallamt, Hofrichter, Einkünfte, Hofmeister. Markgraf Wilhelm saß fest im Sattel. Nun konnte er sich den Donins als den letzten Störenfrieden in seinem Territorium widmen. Aber auch diese Frucht musste noch reifen, schließlich ging es gegen die königliche Gewalt in Prag.

Man sollte vermuten, dass der Musterschüler Karls IV. noch nach dem Tode des Kaisers fest an der Seite der Familie seiner Frau gestanden habe. Doch bei grober Verletzung christlicher und ritterlicher Moral, bei königlicher Pflichtverletzung im Heiligen Römischen Reich war mit Markgraf Wilhelm nicht zu reden, so hatte er es bei seinem Lehrmeister gelernt. König Wenzel, der Sohn Kaiser Karls, war der schlechteste deutsche Herrscher. Am letzten Tag des Jahres 1386 geschah auf der Prager Burg für diesen König eine persönliche Katastrophe, die der ritterlichen Fehde ein völlig anderes Gesicht gab. Einer seiner Jagdhunde fiel Wenzels Gemahlin Johanna von Bayern an und biss sie zu Tode. Ab diesem Zeitpunkt veränderte sich Wenzels Psyche, er soff nur noch, wurde träge und bösartig. Manchmal bekam er furchtbare Wutanfälle. 1393 zerstritt er sich mit dem Prager Erzbischof, ließ einige seiner Domherren foltern, wobei er selbst mitgeholfen haben soll. Der Generalvikar Johann von Nepomuk wurde auf Wenzels Befehl an ein Holzkreuz gebunden und am 20. März 1393 in der Moldau ertränkt.

Seit dem Beginn der Unruhen in der Burggrafschaft Dohna, ausgelöst durch die Rangelei auf seinem Ball 1385 in Dresden, hatte Markgraf Wilhelm auf eine Schwächung des böhmischen Königshauses gewartet. Nun bot sich ihm die Gelegenheit, den Edelstein Dohna aus Böhmens Krone zu brechen. Nach damaligem Recht hätte der Streit zwischen Jeschke von Dohna und Hans von Körbitz vor einem Schiedsgericht geschlichtet werden müssen, doch der Markgraf griff anfangs wohl absichtlich nicht ein, da er die Entwicklung voraussah. Bei Hubert Ermisch finden sich über den weiteren Verlauf folgende Sätze: »Aus dem Streit der Donins und der Körbitze aber hatte sich allmählich, wohl durch Beteiligung beiderseitiger Helfer eine Fehde entwickelt, die den Landfrieden und die Sicherheit der Straßen in so hohem Grade bedrohte, daß der Markgraf allen Anlaß hatte, einzuschreiten.«

So soll Markgraf Wilhelm die Fehde in den 1390er Jahren verboten haben. Als Antwort erhielt er aus Dohna gleich zwei Kriegserklärungen. Fünfzehn Grafen von Dohna aus dem ganzen Reich eilten mit erprobten Truppen ins Elbtal, um Beute zu machen. »Jeschke ließ sie placken und beherbergte des Markgrafen Beschädiger und fing selbst auch Frauen und Männer von Kaufleuten, Böhmen und Deutsche, wen er mochte und legte die Straßen nieder.« Das soll 1398 gewesen sein. Der Friede des Reiches war damit ernsthaft gefährdet. Markgraf Wilhelm befahl eine der Landfriedenswahrung dienende militärische Besetzung aller dohnaischen Positionen im Elbtal und Osterzgebirge. Dabei kamen zwei Burggrafen ums Leben.

Das Heilige Römische Reich versank derweil in Anarchie. Mehrere Kurfürsten taten sich deshalb unter Wilhelms Organisation zusammen, und am 20. August 1400 wurde Wenzel von Böhmen als »unnützer, träger, unachtsamer Entgliederer und unwürdiger Inhaber des Heiligen Römischen Reiches« für abgesetzt erklärt und stattdessen Kurfürst Ruprecht von der Pfalz zum König gewählt. Damit war für die Burggrafen von Dohna keine Hilfe mehr aus Prag zu erwarten. Die Markgrafen von Wettin rückten in dieser Situation unter Wilhelms Führung auf Prag vor und belagerten im Juli 1401 die Burg gemeinsam mit böhmischen und mährischen Truppen, was den König angesichts der Übermacht zum Einlenken zwang. Unter Wilhelms genialen politischen Schachzügen scheint dieser der Bedeutendste gewesen zu sein. Er hielt nun Heerschau über die Meißner Truppen, über die von Markgraf Friedrich IV., dem Streitbaren, von Pleißnerland und von Markgraf Wilhelm II. von Osterland. Danach sandte er Boten an alle Fürsten des Reiches und befahl den Marsch auf Dohna. Am 19. Juni 1402 wurde die Festung Dohna gestürmt. Der erste auf den Mauern war angeblich ein Leipziger Bürger. Seither ist Dohna eine Kleinstadt im Müglitztal.

Markgraf Wilhelm hat die Grundlage dafür geschaffen, dass sein Neffe Markgraf Friedrich IV. 1423 zum Kurfürsten und Pfalzgrafen von Sachsen aufsteigen konnte. An den als Fehde getarnten Krieg gegen Dohna erinnert genau genommen nur mehr der lange Schatten von Jonas Daniels Grabkreuz. Es ist deshalb ein wichtiges Geschichtszeichen nicht nur an einer Straßenkreuzung, sondern vor allem an der Gabelung des Weges vom Mittelalter in die Neuzeit. Wegweiser war der Musterschüler Kaiser Karls IV: Markgraf Wilhelm I. von Meißen.

Graf Otto von Bismarck hat einmal gesagt: »In der Politik geht es nicht darum, recht zu haben, sondern recht zu behalten. Der Staatsmann muß die Dinge rechtzeitig herannahen sehen und sich darauf einrichten. Versäumt er das, so kommt er mit seinen Maßregeln meist zu spät.« Wenn man mit dieser modernen Brille den Fürstenzug betrachtet, müsste er eigentlich mit Markgraf Wilhelm dem Einäugigen beginnen, der die Zeichen der Neuzeit als erster Wettiner richtig gedeutet hat, weil er im Gegensatz zu seinen Standesgenossen eine Ausbildung genossen hat. Diese hatte er seiner Großmutter Elisabeth von Lobdeburg-Arnshaugk zu verdanken – ein Fakt, der noch immer in keinem Geschichtsbuch steht. Wilhelm I. verlegte offenbar in Voraussicht der folgenden Entwicklung die Grablege der Wettiner von Nossen nach Meißen in seinen Dom, womit die scheinbare Gleichberechtigung von Donins und Wettinern endgültig beendet wurde. Mit seinem eigenen Grab als Markgraf im Stifterjoch unter dem Hohen Chor begründete er außerdem die Grablege des ersten Kurfürsten und der ihm folgenden Herzöge von Sachsen bis 1539. Wilhelm hatte vorherbestimmt, dass seine 1400 verstorbene Frau neben ihn umgebettet werden sollte. Die Ehe war kinderlos geblieben. Das lag wohl nicht an seiner Frau. Wilhelm dürfte zeugungsunfähig gewesen sein.

Denn auf dem Rücken der Pferde liegt vielleicht das Glück der Erde, aber ganz sicher nicht das des Mannes. Eine argentinische Studie belegt, dass es beim Reiten durch die mangelhafte Blutversorgung zu dauerhaften Erektionsstörungen kommen kann. Wilhelms Politik bewegte sich zwischen Reiseherrschaft und Residenzbildung. Dazu durchquerte er von 1350 bis 1382 das Reich zwischen Prag und Avignon gezählte ganze vierhundertsiebenundfünfzig Tage, dabei sind nur die Rasttage in Burgen und Klöstern verzeichnet, wobei die Akteneinträge keine Auskunft über die Reisegeschwindigkeit beziehungsweise die Entfernungen geben. Bis 1407 sind es gar tausendfünfundneunzig Tage, die er zwischen Marburg, Berlin und Olmütz reiste und nächtigte. Mit seiner zweiten Ehe mit der Anna von Braunschweig-Göttingen verband Wilhelm vergeblich die Hoffnung auf Nachkommen. Wo sie bestattet wurde, verzeichnet seltsamerweise keine Quelle. Der Meißner Dom fällt hier aus; theoretisch bliebe nur das bereits abgeschriebene Nossen, wenn sie denn ihren Witwensitz bezogen hat, oder Braunschweig.

Die Begräbnisstätte der Grafen und Burggrafen von Dohna war nicht zufällig dem Verfall preisgegeben. Selbst von den Sarkophagen ist keine Spur geblieben, sie sollen als Baumaterial für das Schloss Nossen verwendet worden sein – ein ziemlich unchristlicher Umgang mit verstorbenen Gegnern. An die Herren von Dohna sollte nichts mehr erinnern, weil hier nicht nach dem Rechtsbuch des Eike von Repgow, sondern nach politischer Notwendigkeit gehandelt wurde. Ein nachträgliches Strafverfahren ist nicht mehr möglich. Die Geschichte hat recht, wenn sie an dieser Stelle eine Sage als Marginalie zurücklässt.

Neben der Grablege ist auch die besondere Stellung des Meißner Doms und damit des Bistums innerhalb der katholischen Kirche die Leistung Markgraf Wilhelms I. Nachdem 1581 der letzte Bischof Johann IX.

von Meißen zum Protestantismus übergetreten war, gab es das Bistum für Jahrhunderte nicht mehr. Erst 1921 wurde das Bistum neu gegründet mit Sitz in Bautzen. Es blieb exemt, wie es Wilhelm I. mit dem Papst ausgehandelt hatte, bis es 1994 durch Papst Johannes Paul II. der Kirchenprovinz Berlin zugeordnet wurde.

Von 1541 – ab Herzog Heinrich dem Frommen von Sachsen – bis 1696 war der Bestattungsort der damals evangelischen Regenten des Landes Kursachsen der Freiberger Dom. Alle katholischen Wettiner seit König August dem Starken liegen in der Dresdner Hofkirche.

Der Altenburger Prinzenraub

In dem Sagenkreis um Jonas Daniel ist die Frage nach dem Stand des Reisigen nicht ganz zufällig zu kurz gekommen. War er nun burggräflicher Dienstmann, Ritter mit einem Lehen oder lediglich Söldner? Diese Frage ist heute schwierig zu beantworten, denn das fünfzehnte Jahrhundert stellte eine Phase des gesellschaftlichen Umbruchs dar, Berufs- und Standeszugehörigkeit begannen zu verschwimmen. Der Glanz und die Pracht, die das Rittertum im zwölften und dreizehnten Jahrhundert umgaben, gingen nun vollkommen verloren, das Zeitalter der Eisengepanzerten sichtbar zu Ende. Durch die Kreuzzüge waren viele Ritter völlig verarmt und versuchten durch Raub und Überfälle ihren alten Lebensstandard halten zu können. Weder der König noch die Kirche benötigten weiterhin ihre Kampfkraft. Die Herrscher hatten ihre Söldnerheere, die sie in den Krieg schicken oder entlassen konnten, und die Geistlichkeit gab endlich ihre Kreuzzugsgedanken auf und war deshalb nicht mehr an den »Soldaten Gottes« interessiert. Als Gutsherren hätten die Ritter wohl überleben können – wenn auch reichlich bescheidener –, wenn nicht Pest und Missernten weite Teile des Reiches heimgesucht hätten. Wer sollte oder konnte die Burgen noch versorgen? Kein Zweifel, das Rittertum war zum Sterben verurteilt. Waren die Ritter in der anbrechenden Neuzeit adlige Dienstmannen des Landesherren oder Doppeltfreie ohne doppelten Boden?

Mit welchen Nöten und Problemen das ritterliche Leben gegen Ende des Mittelalters konfrontiert wurde, beschrieb als Reichsritter Ulrich von Hutten in einem Brief, den er 1518 an den Nürnberger Patrizier Willibald Pirckheimer sandte: »In den Städten könnt ihr nicht nur friedlich, sondern auch bequem leben, wenn ihr es euch vornehmt. Aber glaubst Du, daß ich unter meinen Rittern jemals Ruhe finden werde? Und hast Du vergessen, welchen Störungen und Aufregungen die Menschen in unserem Stand ausgesetzt sind? Glaube das nicht und vergleiche nicht Dein Leben mit meinem! Um uns steht es so, daß mir die Zeitläufte keine Ruhe ließen, sogar wenn ich ein höchst ansehnliches Erbe besäße und von meinen Einkünften leben könnte. Man lebt auf dem Feld, im Wald und in den bekannten Burgen auf dem Berg. Die uns ernähren, sind bettelarme Bauern, denen wir unsere Äcker, Weinberge, Wiesen und Wälder verpachten. Der einkommende Ertrag ist, gemessen an der aufgewandten Mühe, geringfügig; aber man sorgt und plagt sich sehr, daß er großmächtig werde. Denn wir müssen höchst sorgsame Hausväter sein. Sodann müssen wir uns in den Dienst eines Fürsten stellen, von dem wir Schutz erhoffen. Wenn ich das nicht tue, glaubt jeder, er könne sich alles gegen mich erlauben. Aber auch wenn ich es tue, ist diese Hoffnung täglich mit Gefahr und Furcht verbunden. Gehe ich nämlich von Hause fort, so muß ich fürchten auf Leute zu stoßen, mit denen der Fürst, wie bedeutend er auch sein mag, Fehde oder Krieg führt und die mich seinetwegen anfallen und wegschleppen. Wenn es dann mein

Unglück will, geht leicht mein halbes Vermögen als Lösegeld darauf, und so droht eben von dorther ein Angriff, von wo ich Abwehr erhoffte. Deswegen halten wir uns Pferde und Waffen und umgeben uns mit zahlreichem Gefolge, alles unter großen und spürbaren Kosten. Unterdessen gehen wir nicht einmal im Umkreis von zwei Joch ohne Waffen aus. Kein Dorf können wir unbewaffnet besuchen, auf Jagd und Fischfang nur in Eisen gehen. Außerdem entstehen häufig Streitigkeiten zwischen fremden Meiern und unseren; kein Tag vergeht, an dem uns nicht ein Zank hinterbracht wird, den wir dann möglichst vorsichtig beilegen müssen. Denn sobald ich zu eigensinnig das Meine behaupte oder Unrecht ahnde, gibt es Krieg. Wenn ich aber zu sanftmütig nachgebe oder etwas vom Meinen preisgebe, bin ich sofort den Rechtsbrüchen aller anderen ausgeliefert, denn dann will jeder als Beute für sein Unrecht haben, was dem einen zugestanden wurde. Doch unter welchen Menschen geschieht dies? Nicht unter Fremden, mein Freund, nein, zwischen Nachbarn, Verwandten und Angehörigen, ja sogar unter Brüdern. Das sind unsere ländlichen Freuden, das ist unsere Muße und Stille!«

Einer, der nicht gewillt war, sich den neuen Begebenheiten kampflos zu beugen, war der Raubritter Konrad von Kauffungen. Man konnte doch nicht einfach eine ganze Klasse mit ihrer Kultur so einfach in den Orkus verfrachten! So wurde er zum Prinzenräuber und die Entführung zu einem der bekanntesten Kriminalfälle der sächsischen Geschichte. Max Kolbe reichte 1913 dazu eine Dissertation an der Universität Wien ein – handschriftlich. Darin stellt er fest, dass diese Geschichte das volkstümlichste Ereignis der gesamten obersächsischen Geschichte ist. Die Autoren des Buches *Die Silberstraße im Erzgebirge*, Udo Pellmann und Klaus Walther, kommen zum Schluss, dass viele Details an diesem Kriminalfall im sagenhaften Bereich bleiben. Auch die Verfasser der Forschungsarbeit *Der Altenburger Prinzenraub 1455. Strukturen und Mentalitäten eines spätmittelalterlichen Konflikts* fördern nur wenig Neues ans Tageslicht. Interessant für Historiker dürfte der Umstand sein, dass der Kriminalfall genau auf der Grenze vom Spätmittelalter zur Neuzeit liegt. Der sächsische Kurfürst Friedrich II., der Sanftmütige, erwehrte sich immer erfolgreicher des mittelalterlichen Fehdeunwesens. Der adlige Herrenstand versuchte dagegen mit Kunz von Kauffungen ein letztes Mal gegen die Entwicklung in die Neuzeit anzukämpfen, um seine Selbstständigkeit zu bewahren. Die Kraft des Schwertes wollte sich nicht der Verwaltung und der Justiz unterordnen. Die künftige Entwicklung des Kurfürstentums Sachsen stand auf dem Spiel, wenn die unbotmäßigen Herren sich durchsetzen würden.

Kunz, der Edelfreie

Von Konrad von Kauffungen, volkstümlich stets Kunz genannt, können trotz intensiver Suche weder das Geburtsdatum noch der Geburtsort ermittelt werden. Seine Mutter stammte aus dem bedeutenden Hause von Schönburg, er war damit der Neffe des Meißner Bischofs Caspar von Schönburg. Sicher soll auch sein, dass das Geschlecht der Kauffunger aus der Nähe von Kassel nach Sachsen gekommen ist. Schon im Jahre 800 wurde dort ein *castrum* (Kastell) Kauffungen erwähnt. Überreste einer alten Kaiserpfalz sind noch heute erhalten. Bis ins vierzehnte Jahrhundert wurden Kauffunger dort als Besitzer verzeichnet. Mit der Kolonisierung des Vorerzgebirges kamen sie offenbar als kaiserliche Ministerialen der Staufer in den Zwickauer/Glauchauer Raum. Diese Familie jedenfalls zählte zu den meißnischen Uradelsgeschlechtern und ist 1231 mit Henricus de Khoufungen erstmals urkundlich fassbar. Sie gehörte folglich nicht zum wehrhaften Schwertadel, da sie dem Kaiser direkt unterstand.

Solche Edelfreie zählten zu jener Zeit zum Hochadel. Nach Herkunft sind es folglich Leute, die nicht durch Dienst oder Lehensvergabe adelig wurden, sondern nur dem König bzw. Kaiser unterstanden. Das entsprechende Geschlecht muss vor 1250 als edelfrei erscheinen wie im Falle der Kauffunge. Der *Sachsenspiegel*, das Rechtsbuch, deutet aber an, dass damit ein kriegerischer, über Grund und Boden und unfreie Bauern herrschender Stand gemeint ist. Im Heerbann des Königs waren alle waffenfähigen freien Grundbesitzer verzeichnet, die zu einer Heerfahrt aufgeboten wurden. Im Mittelalter bedeutete edel- oder hochfrei noch, dass jemand von allen vier Großeltern her dynastischer Herkunft war. Solche Edelfreie ritten also direkt hinter den Fürsten, da sie unmittelbare Bedienstete des Herrschers waren. Dazu gehörte folglich auch die Familie Kauffungen mit ihren bis heute nachweisbaren weitreichenden verwandtschaftlichen Verbindungen zum Uradel, zu Kanzlern, Bischöfen und Äbten.

Einen Ritterschlag hat Kunz von Kauffungen nie erhalten. Für einen gewöhnlichen Ritter etwas eigentümlich. Er unterschrieb deshalb stets mit Junker (junger Herr) und nannte sich einen »freien Edelknecht«, sozusagen freiberuflichen Ritter. Offenbar wollte er damit ausdrücken, dass er zwar eigentlich zu Höherem geboren war, doch die gesellschaftliche Krise es nicht zuließ, dem nachzugehen. Kunz wollte neue, zeitgemäße Einnahmequellen erschließen. Im Gegensatz zu vielen seiner Standesgenossen konnte er ausgezeichnet lesen und schreiben. Seine Briefe zeugen von Gewandtheit und Stilsicherheit. Papst Pius II. (1405–1464) charakterisierte ihn so: »Kunz von Kauffungen ist erfahren im Kriegswesen, schnell in der Ausführung und unerschrockenen Geistes. Ein tatkräftiger Mann und Krieger.« Und seine überdurchschnittliche Begabung setzte er zielstrebig in die Praxis um.

Der Ertrag des Stammguts, das ihm und seinem Bruder seit dem Tod des Vaters in der verheerenden Schlacht von Aussig gehörte, reichte für beide nicht.

Auch die Güter in Callenberg und Bräunsdorf lebten von der Armut. Folglich diente Kunz von Kauffungen ab 1429 bei den Grafen von Schönburg auf Glauchau und Waldenburg als Hauptmann und Getreuer. Die Einäscherung beider Burgen durch die Hussiten konnte er aber nicht verhindern. Was nun? Seine Frau war eine geborene von Einsiedel, ihr Onkel Hildebrand von Einsiedel war der Kanzler des Kurfürsten, der ihn schließlich zum Burghauptmann des Residenzschlosses Altenburg berief. Damit betrat Kunz die unterste Stufe der kurfürstlichen Leiter der Funktionselite Sachsens. Doch sich hier langsam emporzudienen, schien dem Edelfreien zu mühsam und unsicher. Er wollte das schnelle Geld und obendrein die Sicherheit eines Lehensverhältnisses. Bereits 1446 im Bruderkrieg der Wettin-Brüder bot sich unvermittelt die Gelegenheit, in die große Politik zu wechseln. Kurfürst Friedrich beförderte ihn zum Gesandten und Verhandlungsführer und sandte ihn zu seinem Bruder Herzog Wilhelm III., dem Tapferen, nach Weimar. Leider kam er nicht ans Ziel, da ihn die Herren von Vitzthum in herzoglichem Auftrag abfingen und ausraubten, was Kunz von Kauffungen zu einer privaten Fehdeerklärung gegen den Herzog und die Vitzthume provozierte, womit der Traum von großer Politik und einer Karriere am Hofe platzte. Von da an konzentrierte sich der Ritter notgedrungen auf seine militärischen Fähigkeiten. Er soll ein begabter Feldherr und ausgesuchter Bogen- und Armbrustschütze gewesen sein, und zudem noch von etwas höherem Adel als die lehensabhängigen Ritter.

1446, zu Beginn des Sächsischen Bruderkrieges, war Kunz sozusagen arbeitslos. In diesem Krieg kämpften auf beiden Seiten Söldner. Kunz schickte also wie viele seines Standes, die keine Lehensmannen des Kurfürsten waren, an Herzog Wilhelm und seine Räte einen Fehdebrief. Mit Verwandten und Freunden beteiligte er sich an dem Kriegszug gegen Herzog Wilhelm, getreu dem ritterlichen Leitspruch »Beute und Weiber« – sozusagen unverzollt. Er nahm zwei herzogliche Lehensleute gefangen, das ließ das Lösegeld in der Kasse klimpern, und plünderte die Besitzungen des thüringischen Hofrats Apel von Vitzthum in Lichtenwalde. Apels Verwandten in einem Gut bei Hainichen raubte er das gesamte Vieh. Der Friede von Naumburg 1447 unterbrach das einträgliche Geschäft, also überfiel Kunz einen Kaufmannszug, der von Leipzig nach Gotha unterwegs war. Die Kriegsbeute verwahrte er in der Burg Stein und in der böhmischen Burg Eisenberg (Jezeří), bis das Lösegeld bezahlt wurde. Danach raubte er einen Kaufmannszug bei Borna aus. Mit dem Gewinn erwarb er von den Herren von Schönburg auf Glauchau die Burg Stein. Der Kurfürst übertrug ihm die freigewordenen Vitzthumschen Güter Kriebstein und Schweikershain. Nach diesem doch erfolgreichen Krieg ließ er sich vom Kurfürsten beurlauben, um sich neuen Aufgaben zuzuwenden, die noch einträglicher waren.

Kunz als Söldnerführer

Im Sommer 1449 trat Kunz mit vierundzwanzig Rittern und fünfundzwanzig Pferden in den Dienst der Stadt Nürnberg als Hauptmann der Armbrust- und Bogenschützen, Stellvertreter des Oberkommandierenden Heinrich von Reuß von Plauen. Im Ersten Markgrafenkrieg gegen Markgraf Albrecht Achilles von Hohenzollern konnte man gut Beute machen. Am 11. März 1450 verlor Albrecht eine Schlacht am Weiher des Klosters Pillenreuth gegen ein nürnbergisches Heer. Albrecht hatte zuvor verkündet, an diesem Weiher zur Provokation Nürnbergs fischen zu wollen. Die Größe des daraufhin entsandten Heeres mit achthundert Reitern und zusätzlichem Fußvolk überraschte ihn, dennoch blieb er trotz Unterzahl seiner Truppen zunächst siegessicher. Kunz von Kauffungen war am Sieg Nürnbergs maßgeblich beteiligt. Er zeichnete sich als Anführer bei einem gewagten Täuschungsmanöver aus. Spätestens jetzt genoss Kunz überregionale Bekanntheit.

Bereits im Juni gab es folglich neue »arebeit«. Der Krieg zwischen Sachsen und Thüringen flammte erneut auf. Kunz und seine Verwandten beteiligten sich auf eigene Kosten an den Kriegszügen gegen Wilhelm den Tapferen. Der Herzog ließ daraufhin alle Güter der von Kauffungen entlang der Zwickauer Mulde zerstören und plündern. Da Kurfürst Friedrich im Krieg war, bat Elisabeth von Kauffungen Kurfürstin Margaretha um Hilfe, »wo sie und ihre Kinder Wohnung nehmen könnten«. In einem vorläufigen Verleihungsbrief übertrug die Kurfürstin daraufhin Zinnberg nebst Bräunsdorf, Chursdorf und Mühlau auf Kunz von Kauffungen, um der Familie ein Einkommen zu sichern.

Die herzoglichen Truppen belagerten nun Gera. Heinrich von Gera bat um Hilfe gegen die sechzehntausend böhmischen Söldner. Der Kurfürst schickte Kunz von Kauffungen mit achthundert Reisigen als Entsatz, die in einen Hinterhalt gelockt wurden und viel Lösegeld kosten sollten. Dabei wurde in Gera ein unbeschreibliches Blutbad angerichtet, da Bürger nichts einbrachten. Kunz hingegen war zwei Jahre Gefangener des Böhmenkönigs, ehe er die geforderten viertausend Gulden selbst aufbrachte. Er war nun sozusagen pleite, und kurz darauf, am 27. Januar 1451, wurde der Friede von Naumburg geschlossen. Ein Artikel in dem Vertrag sah vor, dass alle geraubten Güter ihrem rechtmäßigen Besitzer zurückzugeben seien. Kunz verlor die Güter, die ihm der Kurfürst in den Jahren zuvor zugesprochen hatte, und erhielt dafür seine völlig zerstörten Besitzungen zurück. Diese Klausel im Naumburger Vertrag könnte als gegen die ritterliche Fehdepraxis gerichtet verstanden werden.

Kunz blieb kein Ausweg, er musste kämpfen, um nicht in der Bedeutungslosigkeit des untergehenden Ritterstandes zu verschwinden. Er verklagte seinen Kurfürsten notgedrungen, um eine Entschädigung für seinen Kriegseinsatz und die dadurch erlittenen Verluste zu erhalten. Beide forderten vom anderen beträchtliche Geldsummen, die keine Partei momentan besaß. Das Gericht zu Leipzig gab dem Kurfürsten recht, zumal der Oberste Richter im Kurfürstentum der persönliche Rechtsbeistand Friedrichs des Sanftmütigen war. Ein Sondergericht mit Kanzler Georg von Haugwitz wurde auf Wunsch des Erzbischofs von Magdeburg und dem Landgrafen von Hessen eingesetzt. Entscheid: Beide Klageschriften seien dem Münzmeister von Freiberg einzureichen und danach auszutauschen, um den Streitenden Zeit zu einer Stellungsnahme zu geben. Nach den Gutachten der Schöffenstühle Leipzig und Magdeburg wurden die Parteien am 18. Mai 1455 nach Altenburg zur Urteilsverkündigung geladen. Dem Schiedsspruch der vier Richter nach »sullen beyde teyle ohne wegerung volgen und genug thun«. Kunz verließ den Gerichtstag am 24. Juni, weil er die Richter für befangen hielt, und verabschiedete sich unter Protest, obwohl festgelegt worden war: »Sollten eynteil ader beyde durch ernhafftige noth daran verhindert würden, das sulte jeglichen theile in seinen rechten unschedlich seyn.« Das Urteil des Gerichts wurde am Folgetag verkündet. Doch Kunz von Kauffungen hatte Altenburg in weiser Voraussicht bereits verlassen und bereitete sich auf eine entsprechende Antwort vor. Es wird von einigen ernstzunehmenden Historikern angenommen, dass er zu der Zeit bereits die Unterstützung des späteren Böhmenkönigs Georg von Podiebrad erhalten habe, da es auch um dessen Feind ging.

Kunz als Selbsthelfer

Kunz von Kauffungen begab sich zunächst nach Böhmen, um den Anschein eines Rückzugs zu erwecken. Tatsächlich plante er bereits, Rache am Kurfürsten zu nehmen. Am 26. Juni kündigte Kunz in einem Schreiben an die Stadträte von Zwickau, Chemnitz und Brüx eine Fehde an, deren Text acht Tage später formuliert wurde. Schnell gelang es ihm, einige Mitverschwörer aus dem niederen Adel zu finden, welche ähnliche Schwierigkeiten mit Friedrich hatten. Als Helfer im Altenburger Schloss wurde der Küchenknecht Hans Schwalbe angeworben. Heimlich kehrte Kunz zurück und hielt sich im Schloss Kohren versteckt, welches ungefähr zwanzig Kilometer von Altenburg entfernt lag und einer befreundeten Familie gehörte.

Der Zeitpunkt schien ideal gewählt. Das Altenburger Schloss, ein verwinkelter Bau, war in jener Nacht beinahe schutzlos. Ein einziger Mann hielt Wache, und diesem hatte der Küchenknecht ein Schlafmittel verabreicht. Vom Rest der Schlossbesatzung begleiteten einige Kurfürst Friedrich auf einer Reise. Die Übrigen nutzten diesen Umstand und nahmen in der Stadt an einem Saufgelage teil. Für die mehr als dreißig Angreifer war es daher leicht, sich gegen Mitternacht dem Schloss zu nähern. Zwölf Männer drangen über eine Strickleiter ein, verbarrikadierten die Räume der Frauen und raubten die beiden Prinzen, den vierzehnjährigen Ernst und seinen elfjährigen Bruder Albrecht. Letzterem wäre übrigens beinahe die Flucht geglückt: Er versteckte sich, als die Entführer einen anwesenden Grafensohn mit ihm verwechselten. Doch der Irrtum wurde bemerkt, auch Albrecht entkam seinem Schicksal nicht. Das vertauschte Kind ließ man laufen. All dies geschah in der Nacht zum 8. Juli 1455 und ging als Sächsischer oder Altenburger Prinzenraub in die Geschichte ein.

Nachdem die Kurfürstin sich endlich befreit hatte, brauchte sie nicht lange über die Identität der Entführer nachzudenken. Am Morgen überbrachte ein Bote Fehdebriefe der Ritter Wilhelm von Mosen, Wilhelm von Schönfels und Kunz von Kauffungen. Letzterer Name gab Anlass zu schlimmsten Befürchtungen.

Kurz nachdem den Rittern der Prinzenraub geglückt war, trennten sie sich. Eine kleine Gruppe unter Kunz wollte mit Prinz Albrecht über Schwarzenberg nach Böhmen entkommen. Der größere Trupp unter den beiden anderen Rittern flüchtete mit Prinz Ernst über Hartenstein gen Süden. Zu diesem Zeitpunkt hatten die Entführer bereits rund acht Stunden Vorsprung, denn es dauerte geraume Zeit, bis die trinkfreudige Schlossbesatzung einsatzfähig war und durch Freiwillige verstärkt werden konnte. Doch ein wesentlich schnellerer Verfolger wurde den Flüchtigen zum Verhängnis: Der Klang der Sturmglocken hallte über das Land. Brücken und Stadttore wurden daraufhin geschlossen. Überall hielt man Ausschau nach auffälligen Reitern.

Kunz hatte mittlerweile das böhmische Grenzgebiet bei Schwarzenberg erreicht. Vermutlich glaubte er sich bereits in Sicherheit und legte daher eine Rast ein. Ein Einheimischer, der Sage nach ein Köhler, entdeckte den

Trupp im Wald und meldete dies im nahe gelegenen Kloster Grünhain. Der Abt mobilisierte sofort alle verfügbaren Männer und ließ die Entführer verhaften. Später verklärte man diese Begebenheit romantisch zum Zweikampf zwischen dem Ritter und dem Köhler. Kunz wurde zuerst im Fuchsturm des Klosters eingesperrt und noch am selben Abend im Zwickauer Schloss Osterstein arretiert. Am 12. Juli wurden die Entführer an das Stadtgericht Freiberg überstellt, welches als einziges im Kurfürstentum das Recht besaß, bei Vergehen gegen den Kurfürsten ein Urteil zu fällen, ohne ein Rechtsgutachten einholen zu müssen.

Der andere Entführertrupp befand sich inzwischen ebenfalls in Schwierigkeiten. Auf der Flucht hatte man in einem Handgemenge mit Bewaffneten sechs Knechte verloren. Die meisten Überlebenden desertierten. Wilhelm von Mosen und Wilhelm von Schönfels gelangten lediglich mit zwei Knechten und der Geisel ins Hartensteiner Gebiet. Sie versteckten sich in einer Höhle an der Zwickauer Mulde. Doch die Zeit arbeitete gegen sie. Die Vorräte gingen zur Neige, und die Gefahr der Entdeckung stieg. Deshalb schickten die Ritter einen Knecht ins nahe gelegene Schloss Hartenstein: Sie forderten Begnadigung, anderenfalls würden sie Prinz Ernst töten. Der einflussreiche Schlossherr willigte ein, woraufhin die Entführer Prinz Ernst ans Schloss Hartenstein auslieferten. Insgeheim gab man ihnen den Rat, nicht allzu sehr auf die Begnadigung zu vertrauen, und ließ sie bis nach Böhmen entkommen.

Bereits am 14. Juli 1455 wurde Kunz von Kauffungen

auf dem Freiberger Markt geköpft. Auch andere Beteiligte ereilte ihr Schicksal. Ein Entführer endete am Galgen, den verräterischen Küchenknecht folterte und vierteilte man öffentlich. Die Familie Kauffungen wurde enteignet und vertrieben, ein Vetter von Kunz wegen Mitwisserschaft hingerichtet. Andere Mitwisser flohen schleunigst außer Landes. Von den festgenommenen Verdächtigen wurden nur wenige nach längerer Haft begnadigt. Der Leichnam des Prinzenräubers wurde auf Betreiben seines Onkels und Meißner Bischofs Caspar von Schönberg zunächst im Freiberger Dom bestattet. Dem Kurfürsten war dies weniger recht. Seine letzte Ruhestätte soll Kauffungen schließlich in der Kirche von Neukirchen (Gemeinde Reinsberg) gefunden haben. Angeblich ist er in der Nähe des Turmes innerhalb der Kirche begraben worden.

Die Hauptschauplätze dieses historischen Kriminalfalls sind heute noch sichtbar. Im Wald in der Nähe von Schwarzenberg erinnert ein Obelisk mit einer Gedenktafel an die Gefangennahme von Konrad von Kauffungen. Ein Nachfolgebau des Fuchsturms in Grünhain kann ebenfalls besichtigt werden. Die sogenannte Prinzenhöhle bei Hartenstein, eine circa achtzehn Meter tiefe künstliche Felsspalte, ist in ihrer Authentizität umstritten, jedoch bei Wanderern recht beliebt. Auf dem Freiberger Markt ist dank eines blauen Pflastersteins noch die Stelle erkennbar, auf der der Kopf Kunz' zu liegen kam. Im Altenburger Schloss sowie im Freiberger Rathaus lassen sich Teile der Strickleiter besichtigen, welche die terroristische Tat der Entführer möglich machte.

Die Besitzungen der Familie Kauffungen wurden eingezogen, die Familienburg geschleift. Tochter Katharina und Sohn Hildebrand wuchsen am böhmischen Hof unter der Obhut Georgs von Podiebrad auf. Auf Hildebrand geht die bis ins achtzehnte Jahrhundert existierende schlesische Linie zurück. Auf Schloss Landfried in Schlesien lebte noch 1490 Kunz' Witwe Elisabeth. Ihr Testament machte sie in Gegenwart des Herzogs zu Münsterherg und des Domherren zu Breslau Apitius Colo und setzte ihren Sohn als Alleinerben ein.

Der Brandenburger Robin Hood

Der Bauernkrieg war Zeichen eines Wandels der Gesellschaft zur Neuzeit hin und riss breite Schichten des Volkes aus der Lethargie. Auch in Brandenburg und Berlin begann das sechzehnte Jahrhundert mit einer tiefgreifenden sozialen und geistigen Krise. Beiden gemein waren die Ablehnung des Bestehenden und die Auflehnung gegen staatliche und kirchliche Autoritäten. Der vom brandenburgischen Kurfürsten zunächst ignorierten reformatorischen Bewegung schloss sich Hans Kohlhase an und hörte davon, dass die Aufstände der Bauern in Süddeutschland um 1525 in ihrem eigenen Blute erstickten. Aber der Widerstand war mit dieser Niederlage nicht gebrochen. Er wechselte nur sein Antlitz, wie sich am folgenden exemplarischem Fall aus Sachsen-Wittenberg zeigen wird.

Der historische Hans Kohlhase soll nach den Angaben seiner Zeitgenossen um 1500 in Tempelberg bei Fürstenwalde an der Spree in der Mark Brandenburg geboren worden sein und aus einer weitverzweigten Handwerkerfamilie von Schmieden und Tuchmachern stammen. Seine Eltern waren wahrscheinlich Leibeigene des Klosters Neuzelle. Andere Autoren bezeichnen sie als Untertanen des Grafen von Wulffen. Jedenfalls muss Kohlhase während seines Noviziats in einer Klosterschule Lesen und Schreiben gelernt haben, auf einem Rittergut war das schlecht möglich. Er beherrschte Latein und hatte gute Rechtskenntnisse. Als einziges

Kloster in der Lausitz überstand Neuzelle die Reformation und blieb eine katholische Insel in rein lutherisch gewordener Umgebung. 1530 flüchtete der Leibeigene Kohlhase jedoch nach Cölln an der Spree in die bürgerliche Freiheit, während sein Bruder Johannes und vier Neffen nach Prag zum Priesterseminar wechselten. Hans Kohlhase erhielt durch seinen Eintrag ins Stadtbuch das Bürgerrecht. Mit seiner Frau und den zwei Kindern wohnte er auf der Fischerinsel, wahrscheinlich in der Fischergasse 26/27. Er war ein rechtschaffener und ehrlicher Kaufmann, den seine Landsleute darum sehr achteten. Zu seinen Lebzeiten waren Cölln und Berlin noch Schwesterstädte, und so zählten nicht nur die Cöllner, sondern auch die Berliner zu seinen Kunden.

Auf den 1. Oktober 1532 fällt das Ereignis, das Hans Kohlhase unvermittelt aus seiner Anonymität hervor- und in die deutschen Geschichtsbücher eintreten ließ: An diesem Morgen brach er von Cölln nach Leipzig auf, wo am nächsten Tag die Michaelismesse, die Herbstmesse, eröffnet werden sollte. Sorgenbedrückt begab Hans Kohlhase sich auf die Reise. Vierhundert Gulden Kreditschulden belasteten seine Handelsbilanz. Vor allem aufgrund der unsicheren Straßen und des fehlenden Bargeldes war er gezwungen gewesen, seine Handelsware nach Leipzig vorauszuschicken.

»In der Zeit, in der sich unsere Geschichte abspielt, dehnte sich das Kurfürstentum Sachsen bis tief hinein in die heutige Provinz Brandenburg aus; einzelne Spitzen und Exklaven näherten sich bis auf wenige Wegstunden den Toren der Städte Potsdam und Brandenburg; Beelitz und Treuenbrietzen waren brandenburgische Grenzstädte. Von Berlin aus zog sich die große Heerstraße über Potsdam, Treuenbrietzen, Wittenberg, Düben nach Leipzig ins Herzogtum Sachsen, dem schon damals berühmten und vielbesuchten Handels- und Umschlagplatz. Man darf aber nicht an die Kunststraßen der heutigen Tage denken, die zum großen Teil erst dem Anfang des neunzehnten Jahrhunderts ihre Entstehung verdanken. Sie waren nur oberflächlich angelegt; einen Unterbau gab es nicht, und von Ausbesserungsarbeiten war nur selten etwas wahrzunehmen. Jeder mochte sehen, wie er auf solchen Straßen, die streckenweise tiefeingeschnittene Hohlwege bildeten, bei schlechtem Wetter grundlos verschlammt, bei gutem mit hohem Staub bedeckt waren, fortkommen konnte. Mit besonderen Schwierigkeiten war natürlich der Gütertransport verbunden. Der mit vier oder sechs Gäulen bespannte Lastwagen vermochte täglich nur eine kurze Strecke zurückzulegen. Monatelang lag ein solcher Gütertransport oft auf der Landstraße, und der Kaufmann konnte von Glück reden, wenn die Waren unversehrt den Ort ihrer Bestimmung erreichten. Abgesehen von den Zöllen und Abgaben, die von den Herren, durch deren Gebiet sie kamen, in Anspruch genommen und oft genug gewaltsam erpreßt wurden, lauerten in den Wäldern nicht selten Schnapphähne adeliger und bürgerlicher Herkunft dem Transport auf, um ihn nach der Überwältigung der Führer und Knechte als gute Beute fortzuführen. Reisende aller Art, auch die Kaufleute, machten ihre Reisen bis an die Zähne bewaffnet und zum großen Teil zu Pferde.

Zwischen Düben und Delitzsch an der Landstraße lag und liegt heute noch das Dorf Wellauna, auf dem der Junker Günther von Zaschwitz als Erb-, Lehns- und Gerichtsherr saß. Vor dem Kruge dieses Ortes hielt am 1. Oktober 1532 gegen Abend ein Reisender zu Pferd, der einen Trunk begehrte und dann seine Reise trotz einbrechender Nacht fortsetzen wollte. Es war ein Mann in den dreißiger Jahren, von gedrungener Gestalt, in der Kleidung vielleicht etwas unscheinbar, aber wohlbewaffnet. Er ritt einen edlen Rappen mit reicher Zäumung, aus dessen Halftern ein Faustrohr mit dem Kolben hervorschaute, und führte außerdem einen Rotschimmel, auf dem der Futtersack lag, neben sich her an der Leine.« So beschreibt Willibald Alexis den Kaufmann in der Kriminalgeschichte *Hans Kohlhase und die Minckwitzsche Fehde* in der Mitte des neunzehnten Jahrhunderts.

»Im Kruge saßen die Bauern beim Abendtrunk. Sie traten neugierig heraus und fragten den Reiter nach Namen, Herkunft und Ziel der Reise; denn der Fremde hatte nicht nur ihre Neugier, sondern noch mehr ihren Verdacht erregt, zumal da er nicht im Orte Herberge nehmen, sondern in der Nacht, die keines ehrlichen Menschen Freund ist, weiterreiten wollte. Hans Kohlhase war ein Mann von trotziger Art. Er antwortete kurz: ›Was geht's euch an?‹ Die Bauern beriefen sich auf ihres Junkers Befehl, jeden anzuhalten, der ihnen verdächtig erscheine, und verlangten besonders darüber Auskunft, woher Kohlhase die Pferde habe, denn deren Besitz erschien ihnen verdächtig. Ein Wort gab das andere, und zuletzt beschuldigten sie den Reisenden geradezu des Diebstahls an den Rossen. Das war für Kohlhase zu viel. Wütend schwang er sich vom Pferd herunter, schlug dem Bauer, der ihm diesen Vorwurf ins Gesicht geschleudert hatte, mit seinen Fäusten an den Kopf, zog dann den Dolch und stürzte auf die Rotte, aber er mußte der Übermacht weichen, die Bauern bemächtigten sich seiner Pferde, führten sie im Triumph in den Stall des Dorfrichters.«

Als doppelt geschlagener Mann musste Kohlhase den Weg nach Leipzig zu Fuß zurücklegen und verpasste dadurch die günstigsten Messetermine, wodurch er einen großen finanziellen Verlust erlitt. Um aber wenigstens seine Pferde zu retten, stand er am 12. Oktober 1532 dem Adligen Günther von Zaschwitz selbst gegenüber, »versehen mit einem Schreiben vom Rats- und Handelsherren Hans Blumentrost aus Leipzig, in welchem er als ›frommer, ehrlicher Kaufmann von gutem Handel und Gerücht‹ mit der Bitte an den sächsischen Landvogt empfohlen wurde, dem gekränkten, mit Stock und Banden bedrohten Manne Recht zu verschaffen«. Der Junker dachte nur kurz nach. Dann verlangte er, Kohlhase solle sich seine Pferde durch Zahlung eines weit überzogenen Futtergeldes zurückkaufen, das Kohlhase nicht mehr besaß. »Dieses Ansinnen wies Kohlhase mit Entschiedenheit zurück. Er verlangte, daß ihm die gewaltsam und unrechtmäßigerweise abgenommenen Gäule kostenfrei zurückgegeben würden, und begab sich, als ihm das nicht gewährt wurde, unter Zurücklassung der Pferde in hohem Grade aufgebracht in seine Heimat.« Auf Raub folgte nun Erpressung! Im heimatlichen Cölln hatten sich seine Fehlschläge bereits herumgesprochen; von den Gläubigern bedrängt, musste er nun Haus und Hof, Acker und Wiesen an sie verkaufen.

Er wandte sich daraufhin an seinen Landesherrn, den Kurfürsten Joachim I. von Brandenburg, und hoffte, so sein Recht zu erlangen. In einem Brief schreibt er: »… daß mir Günter von Zaschwitz's Untersassen zu Wellaune und Schnaditz auf Befehl und Geheiß ihres obengenannten Junkers zu Michaelis Anno 32 wider Recht, Ehr und alle Billigkeit auf fürstlich freier Straße zwei Klepper mit Gewalt genommen und mir öffentlich angelastet haben, daß ich sie gestohlen hätte – auf welche Bezichtigung meine Antwort gewesen ist, sie sollen mich nicht für einen solchen ansehen; ich hätte die Pferde zu Angermünde gekauft und wohl bezahlt. Auch habe ich mich ihnen gegenüber erboten, mit mir auf meinem Roß und auf mein Zehrgeld gen Leipzig zu ziehen, wo ich ihnen genügend glaubhafte Leute vorstellen wolle (die bezeugen können), daß dem so wäre. Aber sie haben geantwortet, ich hätte die Pferde gestohlen, dessen seien sie gewiß. Und damit haben sie die Pferde behalten. Ich aber habe zu Fuß hinweggehen müssen, da der beste Markt schier vorbei war und ich blieb mit meiner Ware sitzen, mußte sie zum Teil wohlfeil geben.«

Durch die Vermittlung des Kurfürsten »wurde auf den 13. Mai 1533 ein Gerichtstag in Düben anberaumt.

Hier erschienen die Parteien in Person. Es kam aber ein Vergleich nicht zustande. Kohlhase forderte Ehrenerklärung in Betreff des ihm vorgeworfenen Diebstahls der Pferde, Erstattung des doppelten Wertes derselben und einhundertundfünfzig Gulden Schadenersatz; von Zaschwitz verstand sich zu gar nichts. Er verlangte vielmehr noch zwölf Gulden halbjährliches Futtergeld für die Pferde, die inzwischen bis zum Skelett abgemagert waren. Kohlhase nahm sie, vorbehaltlich seiner Ansprüche und einer Klagerhebung vor dem Amte Bitterfeld, auf Zureden des Landvogts um die Taxe von zwölf Gulden an. Aber schon am Tage darauf verendete der Rotschimmel.

Im Juli reichte Kohlhase an den Kurfürsten von Sachsen ein Schreiben ein, in welchem er in gemäßigter Sprache sein erlittenes Unrecht vorstellte. Infolgedessen wurden der Landvogt in Wittenberg und Hieronymus Schurf beauftragt, aufs neue Gerichtstage anzuberaumen. Der Junker fand sich indeß nicht ein und bestand auf Bezahlung des Futtergeldes. Er lehnte jede Entschädigung ab und schob dem weiteren Vorgehen Kohlhases gehässige Motive unter. Selbst als Kohlhase auf Zureden des Landvogts seine Entschädigungsforderung bis auf vier Gulden ermäßigt hatte, weigerte sich der Junker hartnäckig, auch diese geringe Summe zu zahlen.«

Bereits bei der Verhandlung am 13. Mai 1533 hatte Kohlhase bewiesen, dass er seine Pferde rechtmäßig in Angermünde gekauft hatte – trotzdem wurde ihm kein Recht zuteil. Er musste erkennen, dass es ein Wagnis war, sich gerichtlich mit einem Adligen anzulegen. Da sich keiner fand, der den Streit beenden und Kohlhase entschädigen wollte, traf schließlich am 13. März 1534 ein versiegelter Brief beim Landvogt in Wittenberg ein. Hans von Metzsch war sofort elektrisiert, als er den Absender las: Hans Kohlhase. Er ahnte es sofort, dieses Schreiben konnte er nicht in der Ablage verschwinden lassen. Das war keineswegs das Rechtshilfeersuchen irgendeines frustrierten Bauern. Das war eine tatsächlich geharnischte Kriegserklärung – eine Fehdeerklärung – gegen ihn und den Kurfürsten, aufgesetzt mit deutlichen Rechtskenntnissen. Abgefasst war der Brief am Vortage in Baruth. Mit Feuer und Schwert, kündigte Kohlhase an, gegen Junker von Zaschwitz vorzugehen, solange er nicht zahlte. Kohlhase schrieb: »Da ich nun nichts mehr als meinen Leib und mein Leben vorzusetzen habe, so will ichs gebühren, daß ich meine Ehre und mein Glimpf wie das einem Ehrliebenden zusteht, zur Notdurft verteidige; ich will alle Welt, List und Behendigkeit gebrauchen, will sein Gottes und aller Welt Freund, allein Günther von Zaschwitzens und des ganzen Landes Kursachsen abgesagter Feind, wo ich sie bekomme, an Händen und Füßen lähmen, auch rauben und brennen, sie hinwegführen und schätzen, bis mir Günther von Zaschwitz Abtrag tut und meinen Schaden, so ich allenthalben darüber genommen, zur Billigkeit erstattet.« Trotzige, zu allem bereite Gesellen scharten sich nun um ihn. Anfangs packten sie nicht fest genug zu, später aber waren Raub, Brand und Verschleppung von reichen sächsischen Bürgern an der Tagesordnung. Der Mann, den die Staatsgewalt nicht angehört hatte, obwohl die Rechtslage sie dazu verpflichtet hätte, würde sich bald auf diese Weise rächen und fanatisch für die Vergeltung seines geschändeten Rechts kämpfen.

»Wie man sieht, war unserem Cöllner Kaufmann nicht allein das Ritual des ›Faust- und Fehderechts‹, sondern auch die Befugniß wohlbekannt, vermöge derer auf Grund des Faustrechts ›Selbsthülfe‹ zum Schutze eines Rechts unter gewissen Formen und Bedingungen ausgeübt werden konnte, wenn man ›durch die Gerichte Hülfe zu erlangen nicht vermochte‹. Zwar hatte der auf dem Reichstage zu Worms im Jahre 1495 zustande gekommene sogenannte Landfrieden verordnet, daß jeder fortan sein Recht nur vor dem Richter suchen solle, und das Fehderecht im ganzen Reiche unter Androhung der Todesstrafe für den Friedensbrecher aufgehoben; allein bis zu der Zeit, in der diese Begebenheit sich zutrug, mußte jenes Reichsgesetz auf den Reichstagen siebenmal bestätigt und eingeschärft werden, weil niemand seiner achtete und den Gerichten teils die Macht, teils der gute Wille fehlte, einen Rechtsspruch namentlich gegen Mächtige und Vornehme in Vollzug zu setzen; und selbst noch viele Jahre nach Erlaß der Peinlichen Gerichtsordnung Karls V., die in demselben Jahre veröffentlicht wurde, in dem Kohlhase in Wellauna um sein Pferde kam, waren namentlich zwischen Reichsunmittelbaren blutige Fehden im Schwange, ohne daß man an eine Bestrafung der Landfriedensbrecher dachte. Die Reichsgesetze waren ihnen gegenüber um so machtloser, als auch die Rechtsanschauung im Volke in dieser Selbsthilfe etwas Strafbares nicht erblickte, bis endlich der Einfluß steigender Kultur und einer kräftigeren Entwicklung sowohl der Territorialmacht als auch der richterlichen Unabhängigkeit dem Unwesen nach und nach ein Ende machte.«

Der Absage- und Fehdebrief wurde handschriftlich vervielfältigt und an verschiedenen Orten im Grenzgebiet von Sachsen-Wittenberg zu Brandenburg ausgehängt. Dort herrschte panischer Schrecken. Zu frisch war noch die Erinnerung an den Bauernkrieg anno 1525. »Alles war auf seiner Hut. Die Städte des Sachsenlandes besetzten die Tortürme mit Spähern, verstärkten die Wachen, hielten die Tore bei Nachtzeit fest verschlossen und ließen keinen Mann, der verdächtig war, einpassieren. Der Landvogt von Wittenberg schickte einen Eilboten nach Berlin, um dem Kurfürsten Joachim das Vorhaben des Kohlhase zu melden und Rechtshilfe zu erbitten, und zwar unter dem Hinweis darauf, daß der Kurfürst von Sachsen die Forderung ja habe untersuchen wollen und die Sache ›nur ins Vergessen‹ gekommen sei.

Joachim fertigte den Boten nach fünf Tagen mit der Antwort ab, daß der Kurfürst (von Brandenburg) gegen Kohlhase nichts unternehmen könne, weil dieser sein Bürgerrecht aufgegeben habe, und daß er zur Rechtshilfe auch nicht verpflichtet sei, weil der Erbeinigungsvertrag seit Johanns des Beständigen Tod nicht wieder beschworen worden sei. Schließlich trat Joachim fast geradezu auf die Seite des Friedensbrechers, indem er erklärte: ›Es ist fast also, wie der Kohlhase schreibt, daß er durch sächsische Justiz um seinen Glauben und ins Verderben gekommen ist.‹« Auch Johann Friedrich Kurfürst von Sachsen soll sich an Joachim I. von Brandenburg gewandt haben, nachdem es am 9. und 10. April drei Brände in Wittenberg gegeben hatte und Kohlhase ihrer verdächtigt wurde. Zeugen wollten ihn in der Nähe gesehen haben. Kurfürst Joachim aber antwortete sehr kühl und erinnerte an die im Jahre 1528 von der kursächsischen Regierung nicht verhinderte Fehde des Herrn von Minckwitz gegen Fürstenwalde.

Die Aufregung wurde schließlich so groß, dass für den 6. Dezember 1534 ein Rechtstag in Jüterbog angesetzt wurde. Der sächsische Kurfürst sagte Kohlhase freies Geleit zu, wenn dieser sich in einem Reinigungseid vom Verdacht freisprechen würde, für die Brände in Wittenberg verantwortlich zu sein. Kohlhase leistete den verlangten Eid, aber die Positionen der jeweils durch mehrere Rechtsvertreter unterstützten Parteien waren weiterhin konträr. Der sächsische Kurfürst hatte das Gericht zuvor instruiert, keiner anderen Lösung als einer Gerichtsentscheidung zuzustimmen. Kohlhase beharrte aber auf einen privaten Vergleich mit den Erben des Günther von Zaschwitz, der einige Wochen zuvor verstorben war. Als es zu keiner Einigung kam und Kohlhase den Rechtstag demonstrativ verlassen wollte, lenkte die Gegenseite doch ein und bot dreihundert Gulden Entschädigung. Kohlhase machte Folgeschäden geltend, die zu seinem wirtschaftlichen Ruin geführt hätten, verlangte tausendzweihundert Gulden und ließ sich auf sechshundert Gulden herunterhandeln. Die

Bauern, die Kohlhase zwei Jahre zuvor in Wellaune durch ihre Verdächtigungen beleidigt hatten, nahmen ihre Worte feierlich zurück. Doch die vereinbarte Zahlung wurde nicht geleistet. Der Grund dafür ist unter Historikern umstritten. Entweder scheiterte der Vergleich an den Erben des Junkers, die ihre Schuld nicht begleichen wollten oder konnten. Oder aber der Kurfürst annullierte den entgegen seiner ausdrücklichen Order zustandegekommenen Vertrag. Nun setzte die Fahndung wieder ein, auf Kohlhases Ergreifung wurde eine Belohnung von 100 Talern ausgesetzt. Damit verließ der Landvogt tatsächlich zuerst den Rechtsboden, Kohlhase hatte ja noch keine Gewalt angewendet – sofern er sich nicht des Meineids schuldig gemacht hatte.

Zu jener Zeit bat Kohlhase Martin Luther um seinen Schiedsspruch. Der Reformator schrieb ihm: »Es ist ja wahr, daß Euch Euer Schaden und Schande billig wehe tun soll und Ihr schuldig seid, dieselbige zu retten und zu erhalten, aber nicht mit Sünden oder Unrecht. Was gerecht ist, wirst du gerecht zu Ende führen, sagt Moses; Unrecht wird durch ander Unrecht nicht zurecht bracht. Was Ihr mit Recht ausführen möget, da tut Ihr wohl; könnt Ihr das Recht nicht erlangen, so ist kein anderer Rat da, denn Unrecht leiden. Demnach, so Ihr meinen Rat begehret (wie Ihr schreibet) so rate ich, nehmt Friede an, wo er Euch werden kann, und leidet lieber an Gut und Ehre und Schaden.« Hans Kohlhase war sehr wütend und gab sich mit der Antwort nicht zufrieden. Nach der Erzählung *Hans Kohlhase und der Teltowkanal* von Christa Radatz suchte er danach verkleidet und unerkannt Martin Luther in Wittenberg auf. »Der Reformator soll gerade zu dieser Zeit mehrere Theologen zu Besuch gehabt haben, und Hans Kohlhase ist wohl der Aufforderung nachgekommen, über seine Händel offen zu sprechen. Zum Schluß seines Besuches empfing der Rebell das heilige Sakrament und versprach, gegen das Land Sachsen keine Fehde mehr zu führen.«

Doch erst am 14. März 1535 begann die wirkliche Fehde. Kohlhase zog nun mit seinen Truppen durch das Land und trieb die Familie von Zaschwitz vollends in den Ruin. Ab dem 26. Mai verübte er schwere Taten wie Raub und Brand in Wittenberg und schreckte auch vor der Entführung Wittenberger Bürger nicht zurück. Der alte Kurfürst Joachim, wiederholt angerufen, meinte, »es könne Kohlhase nicht sein, der die ihm zur Last gelegten Taten begehe und bat endlich, nicht weiter mit der Sache behelligt zu werden.« Dazu kam, dass Kurfürst Joachim ein erbitterter Gegner des Landesfürsten in Wittenberg, Luthers, der Reformation und der Wittenberger Universität war. Kohlhase hatte meistens nur vier bis fünf Gesellen um sich. Ein einziges Mal in späterer Zeit erschien er mit der etwas größeren Anzahl von fünfunddreißig Rebellen, die sich nach vollbrachter Tat wieder zu zerstreuen pflegten. Nicht nur seine Verwandtschaft – darunter fünf Pfarrer –, auch die Bevölkerung im Brandenburgischen ergriff seine Partei. Vergebens streiften die sächsischen Rotten durchs Land. Ihre Kundschafter suchten erfolglos nach ihm. Hie und da fing man einen seiner Rebellen. Ward dieser gefoltert und gerichtet, dann antwortete Kohlhase sofort gnadenlos mit einer neuen Gewalttat. Auch Kurfürst Joachim II., der seinem Vater am 11. Juli 1535 folgte, war anfangs nicht gewillt, schlichtend in den Konflikt einzugreifen. So zogen sich die Rechtsstreitigkeiten schon erfolglos über vier Jahre hin. Ein zweiter Rechtstag zu Jüterbog im Sommer 1537 blieb wieder resultatlos.

»Obwohl die Aktionen Kohlhases auf den brandenburgisch-sächsischen Grenzraum zwischen Wittenberg, Gömnigk, Marzahna und Kloster Zinna beschränkt blieben, war sein Unterstützerkreis in der gesamten Mark Brandenburg beträchtlich. Die Untersuchungsakten überlieferten mehr als 300 Mitstreiter und Helfer unter Handwerkern, Gastwirten, Gesellen, Tagelöhnern, Bauern, Knechten, Müllern, Händlern, Pfarrern, Amtleuten, Richtern und selbst niederen Adligen, von denen viele hingerichtet wurden. Kohlhases Kampf hatte in der Mark eine soziale Basis.« Eine Tatsache, die die Fürsten schließlich doch zum Handeln zwang.

Da Kohlhase Luther geschworen hatte, das Wittenberger Land zu verschonen, durchstreiften kurfürstliche Söldnertrupps, ausgesandt von Landrat von Metzsch, das brandenburgische Land, um Kohlhase endlich zu fangen. Der Brandenburger Kurfürst hatte ihnen die Genehmigung dafür erteilt. Folglich suchten die Häscher zwischen Treuenbrietzen, Beelitz, Zossen, Teupitz, Jüterbog, Kloster Zinna und im Teltow. Die Landbevölkerung stand auf Kohlhases Seite. Der Empfang der Truppen war überall unfreundlich. Die Gastwirte verschlossen ihre Schenken, die Dorfschulzen konnten keine Quartiere auftreiben. Sie schickten die Söldner in möglichst entfernte Gegenden. Dazu kam, dass Kohlhase seine Augen und Ohren überall hatte. Er war der am besten informierte Mann im Land südlich von Berlin. Seine Späher waren Fuhrleute, Schäfer, Hausierer, Wandergesellen, Handwerker, Bauern, Knechte und Gastwirte. Als Quartierwirte standen ihm sogar Pfarrer und Bürgermeister zur Verfügung. Oberster Grundsatz der Guerillatruppe war, sich auf keine offene Feldschlacht einzulassen. Er wusste, wo seine Stärken und Schwächen lagen. Die fatale Hilflosigkeit der getäuschten Polizeitruppe machte ihn manchmal sogar so dreist, dass er ihre Waffen konfiszierte oder den Sold für sie in Empfang nahm. Je empfindlicher Kohlhase die Adligen schädigte, umso breiter wurde seine Unterstützung im Land.

Dem sächsischen Kurfürsten riss der Geduldsfaden. Er forderte von Metzsch, seine Truppe besser auszustatten und gegen die Helfer endlich gnadenlose Härte zu zeigen, bewirkte aber vorerst lediglich hektische Betriebsamkeit. Unschuldige Personen wurden ergriffen und gefoltert, mussten dann peinlicherweise freigelassen werden. Im Oktober 1538 etwa fiel den kurfürstlichen Truppen der Handwerksgeselle Bernhard Krüger vor Luckenwalde in die Hände. Trotz tagelanger Folter wies der Beschuldigte alle Anschuldigungen zurück. Er wurde dennoch auf dem Markt von Hainichen gehenkt. Kohlhases Rache ließ nicht auf sich warten. An Freiwilligen mangelte es ihm nicht, man empfand es sogar als

Auszeichnung, an seiner Seite zu kämpfen. Dabei wussten alle, dass mit Kohlhase keine Schätze zu gewinnen waren. In dem Haufen herrschte Gütergemeinschaft. Pferde, Waffen, Ausrüstung und Proviant gehörten allen. Der Monatslohn betrug einen Gulden. Urteile wurden in der Schar beraten. Nur ein Todesurteil gab es gegen einen Henker. Die meisten Aktiven hingen dem protestantischen Glauben an und verlangten vor ihrer Hinrichtung das Abendmahl in beiderlei Gestalt. Im noch katholischen Brandenburg wurden zwanzig Geistliche namhaft gemacht, welche die Guerilla unterstützten. In der 10 000-Einwohner-Stadt Brandenburg an der Havel sah man Kohlhase und seine Schar länger als vier Monate durch die Gassen laufen.

Im Sommer 1539 begann eine Verfolgungswelle aller Kohlhase-Anhänger, bei der eine Aktion die nächste ablöste. Die Fürsten erkannten nun, dass die Ausstrahlung dieses Aufstandes schleunigst unterbunden werden musste, ehe ein neuer Bauernkrieg ausgelöst wird. Viele Mitstreiter Kohlhases starben auf dem Gerichtsplatz, selbst enge Vertraute waren darunter. In Mittenwald, Gransee, Trebbin und Fürstenwalde kam es zu Empörungen der Bevölkerung anlässlich von Hinrichtungen. In Mittenwald wurde der Aufruhr von Hakenbüchsen zusammengeschossen. Sächsische Rotten wurden ausgesandt, den Aufbegehrer zu fangen. Geriet einer seiner Gefährten in die Hände der Häscher, wurde er gefoltert und hingerichtet.

Trotz zahlreicher Hinrichtungen von Kohlhase-Helfern beschwerte sich der Wittenberger Kurfürst in

Berlin, »daß sein abgesagter Feind trotz fleißiger Nachtrachtung bis zur Stunde noch frei herumlaufe«. Er bitte, »daß Kf. Joachim den Befehl treffe, den Befehder und seine Helfer zu verfolgen«. Am 1. Januar 1539 antwortet Joachim von Brandenburg: »Lieber Bruder, ich habe Dein Schreiben erhalten und werde Dir drei offene besiegelte Haftbefehle gegen Deinen Feind Kohlhase zusenden.« Sieben Jahre dauerte der Krieg des Mannes gegen den Kurfürsten von Sachsen nun schon, damit aber zog sich die Schlinge um Kohlhase nun langsam zu.

Im November 1539 wollte man Kohlhases Schwester in Straußberg gefangennehmen. Sie war aber schon verstorben. Sein Bruder Johannes Kohlhase, ein Pfaffe, ein Gastwirt, ein Müller und ein Adliger seien verhaftet worden. Kohlhase wurde weiter gejagt, aber nicht gefasst. Auch in Brandenburg versuchte man, ihn zu verhaften. »Das arme Volk aber stand nach wie vor zu ihm. Anfang Februar 1540 begab sich Hans Kohlhase mit dem Rest seiner Gesellen in das Gebiet östlich von Potsdam. Im Schutz des Waldes sehen sie einem Gefährt entgegen. Am Teltower Fließ – dem heutigen Teltow-Kanal – überfielen sie den Transport und entwaffneten die Eskorte; und als sie gewahr wurden, wen sie vor sich hatten, gab es ein fatales Erwachen.« Eine Mannschaft des Kurfürsten war mit einer Ladung Silberbarren unterwegs zur kurfürstlichen Münze am Berliner Hof. »Kohlhase konfiszierte die Silberbarren und macht sich den Kurfürsten damit zum erbittertsten Feind. Er schickte eine Botschaft an Joachim II. nach

Berlin, entweder die im Verein mit Sachsen betriebene Justizaktion einzustellen oder den Silberbarren ›Valet‹ zu sagen. Die Silberbarren soll Kohlhase unter einer Brücke versenkt haben, aber bis heute hat sie dort keiner gefunden. Die Brücke aber heißt seitdem Kohlhasenbrücke.« Der Silberschatz liegt möglicherweise bis heute in seinem Versteck und wartet auf Schatzgräber. Der Rebell wurde von Kurfürst Joachim II. unter Zusicherung freien Geleits nach Berlin gelockt. Danach ließ der Kurfürst in Berlin und Cölln die Stadttore schließen. Die Häscher durchkämmten jedes Haus und jede Gasse. Hans Kohlhase wurde in der letzten Februarwoche 1540 im Haus des Küsters Thomas Meißner von Sankt Nikolai gefunden. »Mit ihm verhaftete man natürlich auch gleich den Küster. Die Spur der übrigen Gefährten blieb im Dunkeln. Am 22. März 1540 begann der Kohlhase-Prozeß. Das alte Berliner Rathaus bildete den Schauplatz. Sehr viele Berliner und Cöllner kamen, um Hans Kohlhase zu sehen, ihm seine Sympathie zu bekunden. Kohlhase und seine Mitgefangenen wurden angeklagt, den kaiserlichen Landfrieden verletzt zu haben. Hans Kohlhases Selbstverteidigung bildete den Höhepunkt des Prozesses. Er nahm nichts zurück und zeigte sich immer noch überzeugt von der Gerechtigkeit seiner Sache.«

»Am Montag nach Palmarum hat der Churfürst zu Brandenburg den Sachsen einen gerichtlichen Prozeß wider Kohlhasen verstattet, derowegen er mit Nagelschmied und dem Küster, so sie gehauset, fürs Gericht gestellt und von dem sächsischen Anwalt angeklagt worden. Darauf Kohlhase, dieweil er sehr beredt und studieret und belesen gewesen, seine Antwort dermaß ausführlich getan, und über drei Stunden bis Ende referiert, daß sich jederman darüber verwunderte und ihm Beifall geben mußte. Weil aber die Verbitterung so groß gewesen, ist er zum Tode des Rades verurteilt worden. Und ob man ihn wohl mit dem Schwert begnadigen wollte, hat ihn doch der Nagelschmied abgehalten, daß ers nicht tun solle. Denn wenn sie gleiche Brüder gewesen, so wollten sie auch gleiche Kappen tragen. Sie sind noch an dem gleichen Tag hinausgeführt und gelegt worden.« Hans Kohlhase ging erhobenen Hauptes zur Richtstätte, den Blick weit in die Ferne gerichtet, schließlich hatte ihn Luther persönlich absolviert. Als ihn Meister Hans mit seinen Gesellen dann auf das Rad band, begann die revoltierende Menge, wütend zu toben. Die Landsknechte mit ihren Hellebarden stießen zu, schlugen mit Schwertern nieder. Trotz dieses Protestlärms war Kohlhases Stimme deutlich zu hören: »Nie sah ich einen Gerechten verlassen!«

Neue Bekanntheit erlangte die Fehde im neunzehnten Jahrhundert, als Heinrich von Kleist den Stoff zur Novelle *Michael Kohlhaas* verarbeitete. Die historische Persönlichkeit des Hans Kohlhase wird von der literarischen Gestalt des Michael Kohlhaas in den Schatten gestellt, da die Suggestion dieser fiktiven Figur mit ihrer herausragenden Wahrhaftigkeit die Geschichtlichkeit überlagert, was der Leser vor allem von der Wahrscheinlichkeit der Erzählung fordert.

Justizmord als Gottesdienst

Schattenreich, 23. März 2032
nach Erschaffung der Welt

Asmodeus an Klio, die Göttin der Geschichtsschreibung

Salve, zuvor geneigte Freundin,

sei mir gegrüßt, Verkünderin der ruhmwürdigen Taten der Vergangenheit, Herrin über Götter und Teufel, gute und böse Geister!

Die Menschen reformieren und verbessern in einem fort, als gelte es, Tapeten zu wechseln. Bei diesem sinnlosen Treiben haben sie das Rad schon mehrfach neu erfunden. Sie glauben, es ginge ihnen besser, wenn sie anstatt die Inhalte nur etwas genauer zu besehen, die Form immer wieder änderten. Leider können sie vor Egoismus und Machtbesessenheit nichts sehen und wissen. Dabei sind doch viele Weltreiche mit den gleichen Problemen abgetreten. Man müsste die Menschen nur lehren, zielgerichtet nachzukramen und dabei den eigenen Kopf einzusetzen statt den des Nachbarn. Moderne Datenverarbeitung mit ihrer Überfülle hindert sie wohl beim zielgerichteten Nachdenken, weil sie ständig über eine besonders neue Modefaxe stolpern, die sie nur halb verstanden haben.

Gestern schrien diese Freunde der Weisheit noch nach Freiheit, geistiger Unabhängigkeit und kostenlosen Fetttöpfen. Heute, nur einige Zwickmühlen weiter, ahnen sie langsam: Freiheit wächst nur analog mit den Erkenntnissen. Wieder blicken sie sich ratlos um. Es verkauft sich eben nicht mehr, einfache Wahrheiten kompliziert auszudrücken. Seit dem neuen Jahrtausend scheint die ganze Metapherei langsam am Ende. Also versuchen sie es mit der primitiven Sprache der Gasse. Nun wollen sie plötzlich Menschlichkeit und Ökumene, diesmal allerdings ohne wirklich ernsthaft an etwas glauben zu wollen. Wieder beantworten sie in Zeitungen, Büchern und Fernsehen Fragen, die keiner gestellt hat. Vielleicht haben sie einfach vergessen, dass sie dies mit fast kongruenten Formulierungen in den letzten viertausend Jahren schon mehrfach gefordert hatten.

Nur eines scheint mir neu. Dort oben feiern die großen Politiker ein entscheidendes Dokument für das einundzwanzigste Jahrhundert: die Gemeinsame Erklärung zur Rechtfertigungslehre. Der christliche Mensch ist fortan »allein aus Gottes Gnade zugleich Gerechter und Sünder, unabhängig von Werken«. Und wie Apostel Paulus im Römerbrief schreibt: »Die Gerechtigkeit Gottes wird darin geoffenbart aus Glauben, wie geschrieben steht beim Propheten Habakkuk (2, 4): ›Der aus Glauben gerechte wird leben.‹« Wenn das keine Aufwertung des Teufels ist! Reichlich spät fällt es ihnen ein. Das hätten sie schon 1555 in Augsburg haben können, als Philipp Melanchthon mit den Andersgläubigen Frieden schließen wollte, um Millionen von Irregeleiteten den Tod um der rechten Lehre willen zu ersparen.

Große Göttin der Geschichtsschreibung und der epischen Dichtung, du erinnerst dich möglicherweise noch, die Rechtgläubigen haben es im sechzehnten Jahrhundert mit Dogmatismus und Intoleranz verstanden, eine der erregendsten Epochen mitteleuropäischer Geschichte komplett mit allen Humanisten in die Hölle zu verbannen. Selbst geharnischte Proteste der Queen Elisabeth I. und König Heinrichs IV. von Frankreich nützten nichts. An der Tür zu ihrem abgelegenen Kabinett wird diese Geistesrichtung seither als calvinistisch, kryptocalvinistisch, liberal, philippistisch oder calvinisierend bezeichnet. Niemand konnte oder wollte es genauer sagen.

Nun befürchten die Orthodoxen, man könnte dahinterkommen, dass die Reformation möglicherweise eine der größten Aktionen von Kulturvandalismus der deutschen Geschichte war. Denn in der verbotenen philosophischen Abteilung wohnen immerhin bedeutende Renaissancewissenschaftler von europäischem Rang, die uns heute noch einiges zu sagen haben. Deshalb ist hier unten seit der Gemeinsamen Erklärung zur Rechtfertigungslehre die Hölle los. Die philosophischen Landstreicher der vorhergehenden vier Jahrhunderte verstehen die Welt da oben nicht mehr. Während die Kirchen der Erde jahrhundertealte Gräben zu überwinden suchen, sehen sie durch die Erklärung ihr Lebenswerk zerstört, ihre Dogmenburgen einstürzen. Sie befürchten, diese Melanchthon-Anhänger könnten ein drittes Mal ihr Haupt erheben. Haarspalterisch klauben die Rechten hier unten alte Argumentationen aus ihrem Scherbenhaufen heraus, basteln sie neu zusammen und nennen das ganze dann hohe Politik, von der wir anderen nichts verständen. In Wirklichkeit aber fürchten sie, die sorgsam kaschierten Dreckecken ihrer Geschichtsbücher könnten offenbar werden. Man muss deshalb schon eine Weile suchen, ehe man etwas Brauchbares über Melanchthon und seine Tafelgenossen findet. Die Beamteten der Vergangenheit haben sich nach Kräften bemüht, alle Spuren zu verwischen.

Liebe deinen Nächsten

Aus der Philippisten-Abteilung der Hölle ragt zunächst der Schwiegersohn und geistige Nachfahre Melanchthons hervor. Caspar Peucer wurde 1525 in Bautzen geboren. Nach dem Besuch des Gymnasiums empfahl ihn sein Lehrer direkt an Philipp Melanchthon, dessen Haus-, Tisch- und Reisegenosse er war. Später war Peucer Freund, Arzt und Schwiegersohn des Luthernachfolgers. Nach dem Tode des Erasmus Reinhold wurde er 1554 Professor für Mathematik, 1560 promovierte er zum Doktor der Medizin.

In jenem Jahr starb Melanchthon von Gram, Kränkungen und Misserfolgen gebeugt. Peucer bemühte sich fortan um die Erhaltung des geistigen Erbes des Reformators. Als Zeichen der Anerkennung wählte ihn der akademische Senat von Wittenberg mit fünfunddreißig Jahren zum Rektor. Erste Amtshandlung der neuen Magnifizenz war die Herausgabe sämtlicher Werke Melanchthons. Peucer vertrat den Philippismus konsequent – eine Lehre, die nicht erst seit dem Augsburger Bekenntnis einen humanistischen Ausgleich aller verfeindeten Religionen suchte. Philipp Melanchthon hatte das Ziel verfolgt, an Luthers Reformation endlich eine zweite, die christliche, anzuhängen, um das bereits vorhersehbare Morden wegen eines Glaubensunterschieds ein für alle Mal zu beenden.

Der kurfüstliche Kanzler Kiesewetter und der Staatsrat Mordeißen holten Prof. Dr. Peucer 1570 als Leibarzt und Ratgeber des Kurfürsten August I. nach Dresden an den Hof. Kurfürst August war so begeistert davon, dass er Peucer die Oberaufsicht über alle kursächsischen Schulen und Universitäten erteilte. Peucer ging bei der Verbreitung Melanchthons Lehre systematisch vor. Er begann, überlebte Dogmen des Lutherismus zu demontieren sowie Universitäten, Schulen und Pfarreien mit Oppositionellen zu besetzen, die dem Fortschritt treu ergeben waren. Sein Ruf eilte durch das Reich. Der Kaiser wünschte sich Peucer an den Wiener Hof, man verglich ihn mit Andreas Vesalius und Michael Servetus. Doch Caspar Peucer sah seine Aufgabe in Sachsen. Der Streit zwischen lutherisch Orthodoxen und Reformatoren in Sachsen wurde noch heftiger. In der Wahl ihrer Mittel waren die christlichen Herren genauso wenig wählerisch wie die Soldaten des islamischen Gottesstaates heute.

»Endlich wurde dem Fasse vollends der Boden ausgestoßen, als unser Peucerus die Hand an das berüchtigte Buch (*Exegesis perspicua* von Joachim Cureus) legte und selbiges Anfang 1574 öffentlich editierte« – die erste bedeutende aufgeklärte Bibelauslegung. Die Orthodoxie schäumte vor Wut und griff nun zu wenig christlichen Mitteln. Man spielte dem Kurfürsten gefälschte Briefe zu, in denen Peucer seine unversöhnliche Feindin Kurfürstin Anna verspottete. Die Reaktion war gut berechnet. Der bäurische Kurfürst August verlor die Kontrolle über sich völlig. Spielte man mit seinem Seelenheil? Er bekam einen seiner berüchtigten Wutanfälle. Das Reich hatte ihn bei der Hinrichtung des Ritters von Grumbach bereits kennengelernt, den er unter seiner Aufsicht hatte vierteilen lassen.

Caspar Peucer wurde am 1. April 1574 völlig überraschend verhaftet und »durch den Schösser auf die Festung Pleißenburg zu Leipzig gebracht, wo er bis an den 8. Februar wiederum gegen 3 Uhr nachmittags 1586 beinahe ganze 10 Jahre gefänglich aushalten mußte. Peucer hat sich seine Haare sehr wachsen lassen, und mit selbigen ist er auch zum ersten Mal in die Thomaskirche gekommen, darinnen er die ganze Zeit mit Weinen zugebracht.« So frohlockten seine Gegner um Matthias Flacius Illyricus. Doch Peucer war noch nicht am Boden zerstört, auch wenn er in seinem Testament schreibt: »Um deinetwillen wurde ich getötet den ganzen Tag und bin geachtet wie ein Schlachtschaf. Gott, machs ein End und erlöse mich nach deinem Wohlgefallen. Wie heftig mir dieses zu Herzen gegangen, daß ich meiner herzallerliebsten Hausfrau in ihrer Todesnot nicht habe beistehen können …«

Natürlich konnte man selbst das nicht so stehen lassen. »Kurfürst Herzog August christmildem Gedächtnis ordnete an: Widerlegung des calvinistischen Testaments Caspar Peucers durch die theologische Universität Wittenberg. Diese calvinistische Rotte wider die öffentliche Wahrheit zu Vorschube ihrer verführerischen Lehre ist wissentlich erdichtet, mit Lügen ausgeflickt, geschmückt und zusammengeflochten, daß der Vater aller Lügen, der leidige Teufel, es nicht giftiger und verschlagener hätte machen können. Auf einen grindigen Kopf gehört eine scharfe Lauge. Also wider den Lügengeist Peucer!«, so die christliche Antwort der betroffenen Pastoren auf Peucers letzten Satz in dem Testament. »Mein allerliebster Eidam und Kinder, ein gräuliches Bubenstück ist die Ursache meiner Beschwerung. Ich, Caspar Peuceri Budissini, verteidige die Wahrheit bis in den Tod.«

Als der greise Kurfürst August I. die jugendliche Agnes von Anhalt heiratete, um wieder etwas Wärme ins eheliche Bett zu bringen, fand sich die Fürstin nur unter einer Bedingung dazu bereit. Caspar Peucer musste freikommen und als Leibarzt zu ihrem Vater nach Zerbst gehen. Der Kurfürst kam ihrem Wunsch nach, und so starb Peucer als freier Mann 1602 in Dessau.

***

Teuerste Freundin, selbst hier in der Hölle, zu der einer den anderen verdammt hat, streiten sie noch, die Wahrheit gepachtet zu haben. Die Klugen aber können über die Dummen nicht siegen, da Letztere scheinbar alles wissen und vor allem *besser* wissen. Als Herrin über Gott und Teufel entscheide endlich, wer recht hat. Du hilfst damit den Lebenden, Entscheidungen für die Zukunft zu fällen. Matthias Flacius Illyricus drohte gestern sogar, den Luther als Geisel zu nehmen, um die Anähnlichung der Stiefschwesterkirchen unbedingt zu verhindern.

Klio, bitte nimm diesen reichlich seltsamen Historikern endlich den Teppich, auf dem sie stehen, und du wirst plötzlich hochstapelnde Betrüger erkennen. Es dürfte langsam an der Zeit sein, diesen verkommenen Fachleuten der Geschichte, die alle behaupten, dir zu dienen, auf die ungelenken Finger zu sehen. Ohne den Kopf auch nur etwas zu bemühen, beförderten sie aus purer Staatsräson den Himmel in die Hölle, und wir hier unten können seitdem zusehen, wie wir damit fertig werden.

Ein weiteres Schicksal aus dem Kreis dieser sächsischen Philippisten ist besonders für uns hier unten interessant. Da streitet Martin Luther mit seinem Lieblingssohn über Thesen von Melanchthon. Du erinnerst dich gewiss, große Göttin, dem Reformator hat Papst Leo X. 1521 mit seiner Bannbulle einen Vorzugsplatz in der tiefsten Hölle gesichert. Nun ist er wieder heraufgekommen und harrt seiner möglichen Seligsprechung. Matthias Flacius Illyricus wird ihn für eine künftige Vereinigung der Kirchen genauso wenig freigeben wie einst die belagerte Stadt Magdeburg.

Hüte dich, Calvinist!

Paul Luthers Biographie entwickelte sich zwischen den Stühlen, die Luther und Melanchthon hießen. Er wurde 1533 als fünftes Kind des Reformators geboren. Dem begabten Knaben wurden die ausufernden Religionsstreitigkeiten bereits in die Wiege gelegt. Gestorben ist er – von allen vergessen – 1593 in Leipzig, zu einer Zeit, als sich die lutherisch-orthodoxe Reaktion anschickte, die letzten Vertreter des evangelischen Fortschritts rigoros auszutilgen. Jenes Schwert, das Krells Hals treffen sollte, war bereits geschmiedet. Auf der Schneide hatte man die Worte *Cave Calviniane* eingraviert. Hüte dich, Calvinist!

Nur sehr spärlich sind die Nachrichten über Dr. Paul Luther, der, ohne sich endgültig entscheiden zu können, sein Leben zwischen den Streitenden verbrachte. Als Luthersohn wurde er von den Parteien umworben, geschmeichelt, angefeindet, belauert, verspottet, geehrt und verstoßen. Gerade deshalb steht seine Geschichte stellvertretend für die aller Unentschlossenen.

Wie wohl jeder Vater knüpfte Martin Luther viele Hoffnungen an seinen Sohn. Ständig war Paul in seiner Nähe. Luther überwachte seine Neigungen und Fortschritte mit liebevoller Strenge, ohne ihn jedoch je zu gängeln. »Um das Glück der Kinder zu schaffen, muß man unter allen Umständen durch sorgfältige Zucht verhüten, daß ungezogene wüste Leute drauß werden. Die ganze Erziehung muß man auf Furcht und Liebe gründen.« Unter Furcht verstand der Reformator die

Angst vor himmlischer Strafe bei Verfehlungen gegen Moral und Ethik. Seine Kinder waren es gewöhnt zu erblassen, wenn nur der Name Christus als der unnachsichtige Weltenrichter genannt wurde.

Unter diesen Bedingungen hatte sich Paul Luther zu einem sehr begabten Jungen entwickelt. Sein Vater hoffte, er würde dereinst Geistlicher und den Weg des Lutherismus mitprägen. Doch Paul hielt sich an Handfesteres. Er liebte die Natur und die Naturwissenschaften über alles. Also bestärkte ihn sein Vater darin. »Wir Alten leben um der Jugend willen und müssen sie vermahnen, daß sie einmal Prediger, Regenten und Eltern werden. Wenn sie es nicht werden, wäre es besser, sie wären tot.« Der Sohn Martin Luthers musste sich seinen Lebensunterhalt selbst erarbeiten wie jedermann. Als Käthe Luther es mit ihren zwei Gütern und der großen Studentenburse gar zu geschäftig trieb und auf Gewinn zielte, ermahnte sie der weitsichtige Reformator. »Woll'st bitte dem Argwohn nicht stattgeben, als wolle ich das Gut für mich und meine Kinder erblich begehren.« Luther meinte, als Reiche, als Nichtstuer würden sie es im Himmel schwer haben.

»Paul Luther machte sich unter Anführung von Philippi Melanchthon und Viti Winshemi (Veit Winsheim) mit der lateinischen und griechischen Sprache bekannt. Dann ergriff er auf jenes Einraten das Studium *medicinae* und wurde 1567 zu Wittenberg Doctor.« Er wuchs also unter den Männern um Melanchthon auf, studierte mit ihnen, lebte bei ihnen, war mit den Männern befreundet, die um die Weiterführung der politisch stehengebliebenen Reformation kämpften. Diese Denker wollten der theologischen endlich auch die soziale Reformation folgen lassen, als einzige Antwort des zerfallenden Feudalismus und Protestantismus auf die ungeheuren Herausforderungen der Zeit. Sympathisanten dieser Idee gab es in allen protestantischen Gebieten. Sie durften sich aber nicht offen zeigen. Ihr genauer politischer Standpunkt ist deshalb noch nicht vollständig festgelegt. Man hat sie als Calvinisten verketzert. Sie standen aber Zwingli geistig viel näher. Paul Luther hatte nach meiner Ansicht nicht nur gefühlsmäßige Bindungen zu diesen heimlichen Philippisten, den Kryptophilippisten. Doch als im öffentlichen Leben stehender Sohn seines Vaters konnte er die Forderung der Streiter für eine zweite Reformation nicht offen aussprechen, ohne seinen Vater zu verraten. Vielleicht folgte er deshalb 1558 dem Ruf der Universität Jena als Professor für Heilkunde.

Doch damit geriet er vom Regen in die Traufe. Gerade in Jena lehrte die Mehrzahl jener Leute, die es ihm nie verziehen hatten, dass er als Sohn Luthers die Naturwissenschaften studiert hatte, dass er am Ende genau dort ansetzen würde, wo der große Reformator stehengeblieben war. Paul Luther sollte sich öffentlich gegen Melanchthon erklären, gegen jenen Mann, der ihm wie ein zweiter Vater war. Er begriff: Er war ins geistige Zentrum der lutherischen Orthodoxie geraten. Die Kirchenmänner um Matthias Flacius Illyricus gingen mit beispielloser Härte gegen jeden Abweichler vor. Die erste sich bietende Gelegenheit nutzte er deshalb, um sich bei Herzog

Johann Friedrich von Sachsen als Leibarzt in Weimar zu bewerben. 1567 endlich holte ihn Kurfürst Joachim II. als Leibmedicus nach Brandenburg. Diesen zwischen den Konfessionen lavierenden Herrscher der Nachlutherzeit interessierte nur der Name Luther, die theologische Position seines Harnwasserbeschauers war ihm gleichgültig. Als Joachim II. 1571 starb, berief man Paul Luther an den Dresdner Hof. Dort gab es zu der Zeit viele Philippisten, so den Kanzler Dr. Georg Cracow, den Superintendenten Johann Stössel, Andreas Paull sowie Hofprediger Christian Schütz. Möglicherweise stand Caspar Peucer hinter dem Ruf nach Dresden. Er wusste vermutlich, dass Kurfürst August leidenschaftlicher Anhänger der Alchemie war, und hoffte, irgendwann selbst Gold herstellen zu können. Und er wusste auch, dass Paul Luther ein bevorzugtes Hobby hatte – die Chemie.

Flacius Illyricus und seine Mitstreiter waren derweil nicht untätig. 1574 wurden alle fortschrittlichen Köpfe Sachsens eingekerkert. Cracow hat man auf persönlichen Wunsch Kurfürst Augusts so gefoltert, »daß kein Fetzen Fleisch mehr auf seinen Knochen bleibe«. Peucer brachte, wie wir bereits wissen, zwölf Jahre in der Pleißenburg zu.

Wieder war Paul Luther allein. Vergeblich bemühte sich sein Onkel Clemens von Bora, ihn für seine Beziehungen zum kurfürstlichen Hof zu nutzen. 1572 übertrug er deshalb die Teilhaberschaft am Freigut Dohna auf Paul Luther. Aber auch damit konnte der Hofarzt keinen Einfluss gewinnen. Man schob ihn langsam als politisch nutzlos beiseite. Paul Luther experimentierte zu jener Zeit viel mit Arzneien und machte besonders bei Kurfürstin Anna damit Eindruck. Alchemie und besonders Spagyrik (Scheidung von Stoffen zur Verwandlung in Gold) betrieb der sächsische Hof in der Festung Stolpen. »Der Herzog sah dort seinen glücklichen Succeß in Chymie mit großer Begnadigung an, insbesondere er verschiedene Medicamente als wie *unguentum ex nitro*, *magisterium perlarum* und *aurum potabile* in die Apotheken geliefert hat.«

Kurz vor dem Tod Augusts gewannen erneut die Philippisten an Einfluss. Andreas Paull und der Prinzenerzieher Dr. Nikolaus Krell waren die Wortführer. Neugierig blickte man auf Luther. Doch der schwieg wie gewöhnlich und vergrub sich in seine Goldmacherstube. Lebhaft oder sogar heftig soll er nur geworden sein, wenn jemand Unterschiede zwischen seinem Vater und Melanchthon entdecken wollte. Als mit Joachim Camerarius ein bekannter Arzt an den Hof gerufen wurde, geriet Paul Luther zwischen die Fronten. Sollte er nun frei praktizieren oder nur noch Gold machen?

Am 20. Dezember 1584 schrieb Paull an Camerarius: »All das, was jener behauptet, in Zweifel zu ziehen, ist nicht unnütz.« Folgerichtig wird Luther als Hofarzt entlassen. Krell hatte sein Ziel erreicht. Ein abseits stehender Luthersohn konnte ihm nicht schaden. »Nach Augusti Tod blieb Dr. Luther bei Christian I., führte sich aber gegen einige, die einen Unterschied machen wollten zwischen der Lehre Lutheri und Melanchthonis, etwas frei in Reden auf. Weswegen er verleumdet ward und 1589 seines Amtes entsetzt.«

Bis 1592 lebte der umhergestoßene Sohn eines Übervaters als praktischer Arzt in Leipzig, ehe ihn Herzog Friedrich Wilhelm zum Leibarzt für sich und seine Kinder machte. Als er erkrankte, bot sich die Gelegenheit für die orthodoxe Geistlichkeit von Jena. Man belauerte ihn auf dem Sterbebett. Für welche Richtung der Kirche Martin Luthers würde er sich entscheiden, ehe er vor Gottes Angesicht trat? Paul Luther erwies sich auch in seiner letzten Stunde als würdig gegenüber seinen beiden Erziehern. Er antwortete: »Ich wünsche, begraben zu sein im Glauben, in demjenigen nämlich, der gegründet ist auf dem alleinigen Verdienst Christi!« Dr. Paul Luther verstarb 1593. Bis zum heutigen Tag hat kein Pfarrer herausgefunden, ob er nun für die erste oder die zweite Reformation, für seinen Vater oder für Melanchthon, war.

***

Zu den immer heftiger streitenden Pastoren hier unten ist kürzlich einer der ganz Großen getreten. Die Verdammten schwiegen plötzlich, obwohl es ja die ihnen verordnete Höllenqual ist, sich endlos befehden zu müssen. Giordano Bruno war wegen des Lärms hinaufgestiegen und hatte sich demonstrativ auf die Seite der Philippisten gestellt. Päpstliche wie lutherische Seite waren sich plötzlich einig gewesen gegen den Mann aus Nola.

Hehre Göttin aller Entwicklung, vernimm, was ich über seine Verbindung zur humanistischen Religion der Philippisten zusammengetragen habe. Sächsische Geschichtsbücher haben diese Episode ausgespart und den Mann in ein verbotenes Zimmer gesperrt.

Ein Riese an der Leucorea

Als Martin Luther 1546 starb, galt Wittenberg in Gelehrtenkreisen bereits als das neue Rom – ein Hort der Geistesfreiheit in der Nachbarschaft von Dunkelmännern. Tausende, vor allem aus Mittel-, Nord- und Osteuropa, zog die Leucorea in ihren Bann, selbst Scholaren und Magistri vom Balkan kamen. Die lutherische Reformation wurde so durch ganz Europa getragen. Sogar im katholischen Italien gab es evangelische Reformatoren wie Juan de Valdés und Bernardino Ochino, die ungeachtet des Terrors durch das Heilige Officium Wittenberger Spuren folgten. Giordano Bruno, einer von denjenigen, die der alten Kirche den Rücken gekehrt hatten, machte auf der Reise von Paris nach Prag für etliche Monate als Gastprofessor in Wittenberg Station. Trotz einer ziemlich anderen Lehrmeinung durfte er Vorlesungen halten, denn der Humanist Bruno war zu jener Zeit bereits ein bekannter Mann. Alle vier seiner wissenschaftlichen Werke stammen aus der Wittenberger und Helmstedter Zeit.

Zu Wittenberg lehrte der große Sohn Italiens ab 1586 sein pantheistisches Weltbild, das von Nicolaus Cusanus und Nikolaus Kopernikus wesentlich beeinflusst war. Er hat es hier oft erklärt: Die Materie allein treibt mit der ihr innewohnenden Weltvernunft alle Dinge aus sich heraus. Den Weltraum begriff er als unendlich. Auch die Begriffe Allgemeines und Einzelnes sind Bestandteile seiner Dialektik. Fast modern könnte man diese Philosophie heute nennen. Für das Jahr 1586 im Abendland eigentlich unmöglich. Zu Wittenberg an der Schule des Praeceptor Germaniae Philipp Melanchthon war dies doch schon möglich. Luthers Idee war an dieser Pflanzstätte der Wissenschaften über sich hinausgewachsen.

Leider besaßen nicht alle geistigen Erben Luthers dieses Format. Unter ihrem und der Fürsten Druck zersplitterte die Reformation. Ihr Luthertum verlangte die völlige Unterwerfung unter Gottes Allmacht. Ihre Pastoren erklärten die Macht- und Bedeutungslosigkeit des Menschen. Sie verachteten alles, was in einem ist, und betonten die Nichtigkeit. Im Gegensatz dazu bewegte sich bei Humanisten wie Bruno die Religiosität um den Menschen und seine Stärken herum. Demnach muss der Mensch seine Vernunft entwickeln, um seine Stellung im Universum zu erfassen. Dazu braucht er Normen und Prinzipien, die ihn zum Ziel führen, höchstes Prinzip ist dabei der menschliche Verstand. Gott ist für Giordano Bruno ein Symbol für eigene Kräfte. Die Materie ist für ihn eine Substanz des Weltalls. Die Entwicklung seiner Erkenntnisse vollzieht sich bereits dialektisch. Er ist einer der ganz wenigen, die mit den antiken Philosophen von Gegensätzen durch Gegensätze in Gegensätzen zu neuen Gegensätzen reden können.

Giordano Bruno war davon überzeugt, dass es andere bewohnte Welten im Universum geben müsse. Ein Gedanke, der sich erst im zwanzigsten Jahrhundert durchsetzte. Zu seinen Lebzeiten war dies für alle Kirchen eine unannehmbare These, weil er damit die hervorgehobene Bedeutung der Erde als Zentrum der Welt in Abrede stellte. Die Sachsen hätten stolz auf diesen Mann an einer ihrer Universitäten sein können. Viele wussten aber nichts von ihm.

1588 schreibt Giordano Bruno in einer an der Wittenberger Universität gedruckten Rede: »Ich kam zu Euch als Fremder, exiliert und flüchtig, ein Spielball des Schicksals, unansehnlich von Gestalt, dürftig, gunstlos, beladen mit dem Haß der Menge.« Ganze zwei Jahre lang durfte er hier frei schreiben und lehren, dann nahm der Druck der Konservativen, die am Buchstaben klebten, auch hier zu. Der damals vierzigjährige Gelehrte verabschiedete sich aus Kursachsen nach Prag. Seine letzte Schrift durfte als »unnütz und für die Universität schimpflich« nicht gedruckt werden. Später erschienen in Helmstedt folgende Abschiedsworte an Wittenberg: »Du hast, oh Luther, das Licht gesehen, das Licht erkannt, betrachtet. Du hast die Stimme des Heiligen Geistes gehört. Du hast seinem Befehl gehorcht. Du bist dem allen Fürsten und Königen Grauen erweckenden Feinde unbewaffnet entgegengetreten. Du hast ihn mit dem Worte bekämpft, zurückgeschlagen und bist mit allen Trophäen des übermächtigen Feindes in den Himmel eingegangen. Hier also hat die Weisheit sich ihr Haus erbaut.« Das hat Bruno an genau jener Stelle geschrieben, an der Luther vierzig Jahre vorher in seinen Tischgesprächen gesagt hatte: »Der Narr (Kopernikus) will mir die ganze Kunst Astronomie umkehren. Aber wie die Heilige Schrift anzeigt, so ließ Josua die Sonne still stehen und nicht das Erdenreich.«

Der Ketzer Giordano Bruno wurde 1592 in den Verliesen der Heiligen Inquisition angekettet und bestieg 1600 den Scheiterhaufen, ohne einen Moment zu zögern. »Ihr sprecht mir das Urteil mit größerer Furcht, als ich es empfange.« Ein Wort des Widerrufs, und der Henker hätte die Fackel nur zu gern gelöscht. Am 12. März 2000, an Brunos vierhundertstem Todestag, erklärte Papst Johannes Paul II., »die Hinrichtung sei auch aus kirchlicher Sicht als großes Unrecht zu betrachten«.

***

Ein Glück, verehrte Freundin, dass die Menschen in ihrer Befangenheit nicht wissen, wie das spätere Schicksal vieler solcher göttlich verehrten Richter und Kirchenfürsten hier unten verlaufen ist. Sie würden ihre Urteile und Geschichtsbücher dem Reißwolf zur ständigen Aufbewahrung anvertrauen. Gerade jene, die ihrer Staatsräson wegen einst einen Vorderplatz hatten, die man als historische Helden feierte, bekleiden im Orkus den Rang der niedersten Seelen.

Aus dem noch immer verschlossenen Kabinett bei mir hier unten ragt aber noch eine Gestalt hervor: Dr. Nikolaus Krell. Man muss ziemlich lange suchen, ehe man brauchbares Material über ihn findet. Durch Zufall geriet mir die *Leichpredigt über den Custodierten Nikolaus Krell* in die Hände, die Kursachsen offenbar zu Hunderten auf Staatskosten drucken ließ: Seltsam, dieses Pamphlet hat sogar einen Teufel betroffen gemacht. Und dabei sind wir durch schnelleren Informationsfluss an ein bestimmtes Maß an Grauen gewöhnt, und das Einzelschicksal verliert sein Gesicht. Warum erregt mich also gerade diese miserable Schrift? Vielleicht, weil sie eine derart unverblümte Polemik gegen allen Humanismus, Fortschritt und gesunden Menschenverstand enthält?

Der Autor war nicht irgendjemand, sondern der *pastor dohnensis adiunctus, superintendentis, visitator localis* Nikolaus Blum. Er schrieb über Kanzler Krell, der seit 1591 – seit jenem Tage, da man seinen Herrn Kurfürst Christian I. zu Grabe trug – auf dem Königstein eingekerkert war. Zehn Jahre lang »mußte er in einem sommers und winters fast überall offenen Kerker sitzen, wo er in Stank und Unflat verderben sollte«. Sehr christlich von den Herren Geistlichen!

Die calvinistische Rotte zu Kursachsen

Nikolaus Krell wurde um 1551 in Leipzig geboren. Sein Vater war dort ein angesehener Ratsherr und Rechtsanwalt. Der Sohn folgte diesem Beispiel. Nach der Fürstenschule zu Grimma studierte er in Leipzig. Die Prüfung zum *doctor iuris* legte er 1577 vermutlich an der Universität Valence an der Rhone ab. Auf der Rückreise über Genf machte er die Bekanntschaft Théodore de Bèzes, des Calvin-Nachfolgers.

Wieder in Kursachsen angekommen, bot ihm die Universität Leipzig eine Professur an. Doch 1580 wurde Krell Hofrat und Erzieher des Kurprinzen Christian I., womit er zum geistigen Haupt der Opposition im Lande wurde. Aus seinen reichlich modernen, westlichen Ansichten machte Krell keinen Hehl. Gerade das schätzte der sehr aufgeklärte Kurprinz, da ihm die zu dogmatische Art seines lutherisch-orthodoxen Hofpredigers Georg Lysthenius direkt verhasst war. Als eine seiner ersten Amtshandlungen als Kurfürst erklärte Christian I. 1586: »Ich will nicht flacianisch, auch nicht calvinistisch, sondern Christianus sein!« So verlor die Konkordienformel, in der die lutherischen Glaubensgrundlagen zusammengefasst waren und der eine Vielzahl lutherischer Lehrer und Pfarrer mit ihrer Unterschrift zugestimmt hatte, nach dem Antritt Christians I. praktisch ihre Bedeutung, und der verfolgte Philippismus lebte wieder auf. Antwort der lutherischen Geistlichkeit war eine das politische Normalmaß weit überschreitende Hetze. Hofprediger Martin Mirus gab die Richtung an: »Eure Kurfürstliche Gnaden werden dem Heiligen Geist nicht das Maul stopfen!« Und Superintendent Nikolaus Selnecker aus Leipzig – einer der geistigen Väter dieser Konkordienformel oder des Bergischen Buches, wie man es auch nannte – verstieg sich zu folgendem Gedanken: »Schenk doch diesen bösen Buben ein, und laß sie saufen höllischen Wein!«

Kanzler Krell war damit nicht zu beeindrucken. Auf

das von Luther und Melanchthon geschaffene Fundament aufbauend, versuchten er und seine Mitstreiter unter dem Druck der siegreich vordringenden Gegenreformation, in Sachsen eine Bastion des entwickelten Bürgertums zu errichten. Die Zeit war überreif für eine zweite Reformation, um zu England und Holland aufzuschließen. Was bei Luther auf halbem Wege stehengeblieben war, musste endlich konsequent zu Ende geführt werden. Nur wer die Aufrechten förderte, dem folgte das Volk nach. Traf man doch in Sachsen nur noch ganz selten einen, der drei Jahre die hohen Schulen besucht hatte, ohne an Karriere zu denken. Das Land musste reformiert werden, ehe es zur Bedeutungslosigkeit herabgedrückt wurde. Die Beamten und Kirchenmänner dachten nur noch daran, ihre Posten zu behalten. Sie waren zum Pflücken überreif. Die gesamte, ehemals so angesehene Landeskirche war durch Richtungskämpfe total zersplittert. An die Seite dieser verblendeten Doktrinäre trat schnell ein weiterer Gegner: der Adel. Schließlich wollte Krell die Städte zu Stützen des Kurfürsten machen und die Bauern besser schützen.

Das alles fand auch in der Neuordnung der Außenpolitik ihren deutlichen Niederschlag. Künftig sollte Sachsen an der Seite Heinrichs IV. von Frankreich gegen die Wiener Hausmachtpolitiker stehen. 1590 verständigten sich Hessen, Mecklenburg, Braunschweig, Sachsen und die Kurpfalz über ein Darlehen für Heinrich IV. und militärische Unterstützung für die Hugenottenkriege. Die spanischen und österreichischen Habsburger gerieten in Gefahr, das Kräfteverhältnis Mitteleuropas drohte zu kippen. Schon hatten die protestantischen Truppen bei Hochheim den Rhein überschritten, da starben ganz plötzlich Kurfürst Christian I. von Sachsen und Kurfürst Johann Casimir von der Pfalz. Beide sind im calvinistischen Bekenntnis verschieden.

Am 25. Oktober 1591, einen Monat nach dem Tod des Kurführsten, wurde Kanzler Krell im Auftrag von Geistlichkeit und Adel verhaftet und auf der Staatsfestung Königstein eingekerkert. Man beachte das Tempo, welches die Bürokraten zu entwickeln imstande waren. Zehn Jahre wartete Krell dort auf ein Urteil. Der Hof und die Geistlichkeit atmeten erst einmal tief durch. Das war ganz knapp gewesen. Nun setzte sofort die lutherische Restauration ein, um die Feudalstruktur erhalten zu können. Krells Gesinnungsgenossen fielen alle dem einsetzenden Terror zum Opfer, wenn es ihnen nicht gelungen war, ins Exil zu flüchten. Nicht nur Universitäten, Schulen, Kirchen, Rathäuser wurden nach philippistischem Gedankengut durchwühlt, selbst Kirchturmknöpfe ließ man nicht aus.

Doch wessen sollte man diesen Krell beschuldigen? Die nach wochenlanger Arbeit von Jenenser Professoren zusammengezimmerten sieben Anklagepunkte waren beim bloßen Hinsehen gleich auf vier zusammengeschmolzen und der klägliche Rest bestand aus nicht beweisbaren Hypothesen. Peinlich! Dazu kam, dass das Reichsgericht in Speyer verlangte: verurteilen oder freilassen. In ihrer Würdelosigkeit wandten sich jene, die vorgaben, Luther bewahren zu wollen, ausgerechnet an Experten der Gegenreformation in Wien. Doch selbst der kaiserliche Reichshofrat wusste keinen tödlichen Anklagepunkt. Also blieb dieses Kunststück der vollkommen unzuständigen Appellationskammer Prag vorbehalten. Erst am 22. September 1601 fällte sie das Urteil: »Hinrichtung durch das Schwert, weil Krell hat den Bestand des Hauses Österreich turbieren wollen.« Gegen diesen Justizmord protestierten Königin Elisabeth I. von Großbritannien, Wilhelm II. von Hessen sowie Heinrich IV. von Frankreich. Der ramponierten sächsischen Geistlichkeit nutzte das nichts. Also erhielt jener Pastor Blume den diffizilen Auftrag, dem bereits todkranken Krell die Absolution zu erteilen, genauer gesagt, zu einem Schuldbekenntnis zu bewegen. Erlaubt war alles, was einen Erfolg brachte. Für diese überaus schwierige Arbeit bekam Blume zwei Gehilfen. Dem Landpfarrer blieb nichts anderes übrig: »Ich nahm des Lammes Hörner ab und setzte dagegen Mosis Hörner auf.«

Aussichtslos! Krell behauptete: »Ich bleibe bei der Lehr Lutheri und Philippi!«

»Lüge! Ihr habt geholfen, Bekenner der Lehr Lutheri zu verfolgen. Ihr kennt Eure Sünden nicht? Da sagt Crysostomos: Er wolle lieber mit glühenden Zangen zerrissen sein, als einen Unbußfertigen zu absolvieren.«

»Ja, ich bin ein großer Sünder. Aber ich habe den Landfrieden nicht gebrochen!«

»Ihr habt die Hölle gar wohl verdient. Ihr habt den heiligen Frieden aller Schulen, Kirchen und Orte gebrochen!«

Blume spielte hier auf die berühmte Bibel Krells an, eine Edition, versehen mit Kommentaren zur Auslegung für die Bürger. Da heißt es beispielsweise:

»… die säkularisierten Kirchengüter sind für die Schulen zu verwenden

Gegen das Hofleben:

1. gegen Schmeichler und Fuchsschwänzer
2. gegen Verleumder und Ohrenbläser
3. gegen Neidhammel und Mißgünstige.«

Jedoch hatte Kurfürst Christian I. bei jeder Seite selbst Korrektur gelesen und sie genehmigt, weshalb man Krell dieses Jahrhundertwerk nicht anlasten konnte.

»Krell, Ihr habt die Hölle wohl verdient. Ihr habt doch den heiligen Frieden gebrochen.

Ihr, Krell, und die calvinistische Rotte, habt übel gegen Kurfürst Christian I. gehandelt, damit er Eurer Calvinisterei beipflichte.

Ihr, Krell, habt die Konkordienformel gegen Euren Eid böslich verdammt.

Ihr, Krell, habt die Teufelsbeschwörung als papistische Abgötterei verdammt.

Ihr, Krell, habt einen Superintendenten (Mirus) subordiniert und viele Pfarrer vertrieben.

Ihr, Krell, habt dem Kurfürsten falsche Briefe vorgelegt und Warnschriften des Adels aufgehalten.

Ihr, Krell, habt den Kurfürsten hinters Licht geführt, so daß er anfing, sich zu grämen.«

Am 9. Oktober 1601 stand in Dresden auf dem alten Jüdenhof, direkt vor dem Johanneum, flankiert auf der einen Seite vom Renaissance-Schloss, auf der anderen von der Frauenkirche, der Richtblock, dessen Tribüne die ganze Sporergasse versperrte. Darauf standen links alle bedeutenden Geistlichen Sachsens, welche die Abwicklung des Philippismus überlebt hatten. Die Genugtuung in ihren Gesichtern gehörte zur Staatsräson einerseits und zu der ausgestandenen Angst andererseits. Kein Gedanke also an: Und vergib ihm seine Schuld, wie wir unseren Schuldigern! Rechts stand der Hochadel, angeführt von der ehemaligen Kurfürstin Sophie aus dem Hause Brandenburg. Der gerade mündig gesprochene Kurfürst Christian II. war ausgerechnet an diesem Tage nach Großenhain zur Sauhatz geritten. Im Hintergrund die schweigsame Menge. Man hatte absichtlich den kleinsten Platz gewählt.

Endlich wurde der Verurteilte gebracht. Man schleppte ihn in einer Sänfte, weil er nicht mehr laufen konnte. Das Einzige, was man ihm nicht gebrochen hatte, war sein fester Blick.

Die Kurfürsten-Mutter blickte mit zusammengekniffenen Lippen auf den Unschuldigen herab und sagte laut: »Ich will dem Manne sein Recht tun sehen, der meinen seligen Eheherrn so übel angeführt hat.«

Nach vollstrecktem Urteil rief Scharfrichter Pohls unter dem Beifall der Herrschaften: »Das ist ein calvinistischer Streich! Seine Tafelgenossen mögen sich fürsehen, denn allhier schont man keinen von ihnen!«

Das letzte Wort aber stand Pastor Blume zu. Mit weithin schallender Stimme rief er in die Menge: »Hütet Euch, Ihr Weltlichen, dass Ihr Gottes Engel, Legaten und Botschaften weder mit Worten noch mit Werken antastet! Es sind Christi Freunde, wer sie antastet, der tastet seinen Augapfel an, und der kann nicht viel leiden.«

Das Richterschwert wird heute in der Rüstkammer der Staatlichen Kunstsammlungen Dresden aufbewahrt. Darauf ist zu lesen: *Conradus Pols † Cave Calviniane. D. N. C.* (Dr. Nicolaus Crell). Im Pflaster vor dem Johanneum liegt ein hellgrauer Stein – der Henkerstein des Nikolaus Krell. Blinder Parteiengeist machte es sogar möglich, dass die älteste Kirche Dresdens, die Kirche des Franziskanerklosters, 1602 als Sophienkirche neu geweiht wurde.

***

Ich habe nun begriffen, weise Göttin der Geschichte, weshalb du mich die Geschichte des Philippismus hast aufschreiben lassen. Heute wie damals ist die Zeit der Krise die Zeit des Gutredens und Wenigsagens. Um aber einen Gedanken völlig erfassen zu können, sollte man ihn aufschreiben und lesen. Nicht nur Politik ist das schmutzige Geschäft vom organisierten Gebrechen.

Ich grüße dich im und durch den Namen der Negation der Negation

Asmodeus, der hinkende Teufel

Die Knochensplitter des Peinwirts

Weite Felder und sattes Grün prägen die Lommatzscher Pflege zwischen Meißen, Riesa und Döbeln, erstmals erwähnt in einer Urkunde des Klosters St. Afra zu Meißen. Dieses Gebiet hoch über dem Elbtal ist seit Jahrhunderten die Kornkammer Sachsens. Es ist geprägt von fruchtbaren Äckern, aufgelockert von Streuobstwiesen und Obstbaumalleen. Es ist eine waldarme Landschaft mit sanften Hügeln, Seen und kleinen Ortschaften. Heute ist es ein beliebtes Urlaubsgebiet. Ausgerechnet hier, wo es keiner vermuten würde, kam es 1697 – im Jahr der Krönung Augusts des Starken zum Polenkönig – zu einem grauenvollen Mord.

Als im neunzehnten Jahrhundert das Kriminalarchiv in den tiefen Kellerungen der Albrechtsburg in Meißen aufgeräumt wurde, fiel den beteiligten Beamten ein reichlich wurmstichiges, zerfallenes und schmales Aktenstück in die Hände, das sofort aller Aufmerksamkeit erregte. Auf dem Deckblatt aus festem Karton waren neun größere und etliche kleinere Knochensplitter eines menschlichen Schädels, zwei Militärpatronenkugeln und eine Flintenkugel aufgeklebt. Zwischen dem Kartoneinband verbarg sich eine historische Kriminalakte.

In der Nacht vom 14. auf den 15. Februar 1697 um drei Uhr früh strebte aus Wilschwitz in der Lommatzscher Pflege ein einsamer Wanderer auf der Alten Poststraße in Richtung Meißen. Die Sicht war einigermaßen gut, da es geschneit hatte. Nach wenigen Minuten fand der Müller Peter Eulitz seinen Nachbarn Erasmus Peinler, der ein Gasthaus mit Herbergs-, Brau- und Schankrecht betrieb, tot im Mühlgraben liegend. Der Peinwirt war erschossen worden, am Straßenrand neben dem Mühlgraben fand Eulitz viel Blut und auf der Straße Werg und Papier. Daneben Fußstapfen im Schnee. Auf der anderen Straßenseite am Böschungshang war der Keller des Peinwirtes. Die sonst verschlossene Tür stand sperrangelweit offen. Möglicherweise wollte der Peinwirt noch etwas Bier aus seinem Lager holen. Müller Eulitz vermutete, dass der Mörder dort auf sein Opfer gewartet und dann den Wirt niedergeschossen habe. Es sah so aus, als ob das Opfer nicht beraubt worden wäre.

Da Eulitz ohnehin nach Meißen musste und nach sechs Uhr morgens in der Stadt sein wollte, konnte er den Mord gleich bei der Amtshauptmannschaft melden. Zwei Beamte trafen noch am gleichen Tag gegen Mittag an der Unglücksstelle ein. Der Tote wurde nach Meißen zur gerichtsmedizinischen Obduktion transportiert. Die Peinwirtin soll ausgerechnet in dieser Unglücksnacht ein gesundes Kind zur Welt gebracht haben.

Die gerichtliche Besichtigung und Sektion der Leiche ergab, dass eine Kugel die Venen und eine Arterie getroffen hatte, die anderen beiden hatten die Muskulatur durchbohrt. Alle drei Kugeln fand man in den Kleidern, die eine auf dem Knie zwischen Hose und Strümpfen, die beiden anderen unter dem Hemd zwischen geronnenem Blut. An diesen Verletzungen schien der Peinwirt aber nicht gestorben zu sein. Das Haupt des

Ermordeten war auf der linken Seite »pappenweich zerschmettert«, so dass man Knochensplitter herausnehmen und archivieren konnte. Die Ärzte erklärten, erst der Schlag auf den Schädel sei absolut tödlich gewesen.

Trotz eifriger Nachforschung brachten diese Erkenntnisse keine Erfolge. Es gab keinen Hinweis auf irgendeine verdächtige Person in dem kleinen Dorf. Die Nachbarn berichteten nur von zwei Fremden, die tags zuvor, am 14. Februar, dem Sonntag vor Fastnacht, in der Gaststube bis gegen elf Uhr nachts gespielt und gezecht hätten. Die beiden Reiter hätten nur einen Degen mitgehabt und seien völlig unbefangen gewesen.

Am 27. Februar ergab sich doch eine Spur. Ein unweit von Mügeln im Quartier liegender Reiter vom Kürassierregiment des Obersten von Pflug mit dem Namen Matthes Möbius hatte am 15. Februar morgens seinen zerbrochenen Karabiner zum Schlosser und Bürgermeister Naumann in Mügeln geschickt, um das Gewehr schäften zu lassen. Die Magd, welche die Waffe zu Naumann brachte, erzählte diesem, der Reiter sei die Treppe hinuntergefallen und habe dabei den Gewehrschaft zerbrochen. Der Wirt des Reiters bestätigte, sein Gast sei zu Hause gewesen, weil er derart betrunken gewesen sei, dass er nicht mehr reden konnte. In einer scharfen Vernehmung räumte Möbius ein, die Waffe gehöre gar nicht ihm, sondern dem Reiter Michael Beck vom Leibregiment des Obersten von Plötz, Standort Grimma, und der habe ihn gebeten, die Waffe schäften zu lassen. Beck wurde sofort vom richterlichen Militärbeamten in Grimma verhört und bekannte schließlich, in die Enge getrieben, den Peinwirt auf Anstiften der Peinwirtin mit seinem Freund Hans Weinert vom hochgräflichen Regiment Reuß in Liebenwerda ermordet zu haben.

Noch am gleichen Tag wurde die Peinschänke umstellt. Sowohl der in der Stube sitzende Weinert als auch die verwitwete Peinler wurden vom Meißner Gerichtsbeamten und Untersuchungsrichter Theophil de Bonville verhaftet. Der Reiter wurde an das Stabsquartier nach Liebenwerda gesandt. Die Peinwirtin aber kam mit ihrem säugenden Kind ins Gefängnis auf die Meißner Albrechtsburg. Die beiden Soldaten wurden in ihren Regimentern vernommen. Auf den Gerichtsbänken saßen die Offiziere. Die beiden Mörder machten aber derart ungenaue Angaben und wichen in ihren Darstellung so weit voneinander ab, dass eine Gegenüberstellung der Täter in Meißen angeordnet wurde. Weinert und Beck wurden deshalb auf die Burg Meißen transportiert und dort von den Regimentsstaatsanwälten, dem Meißner Untersuchungsrichter und den Schwadronskommandeuren verhört. Die Angaben der Verdächtigen wurden dabei ordnungsgemäß protokolliert.

Maria Peinler stammte aus dem fünfzehn Kilometer von Wilschwitz entfernten Dorf Patzen bei Oschatz. Der ausgemusterte ehemalige Söldner Erasmus Peinler hatte die Siebzehnjährige 1688 im Straßengasthof Kirste in der Gaststube erlebt und nach Verhandlungen mit ihrem Vater gegen ihren Willen die Heiratserlaubnis erhalten, weil er offensichtlich so viel Geld besaß, dass er eine eigene Gastwirtschaft erwerben konnte.

Peinler wird in alten Aufzeichnungen als ein durch

und durch verdorbener Einbrecher dargestellt. Er hatte bei dem benachbarten Müller ein Kalb gestohlen, diesen dann eingeladen und ihm das gebratene Kalb vorgesetzt. Bei einem Einbruch in das Rittergut Staucha ist er beteiligt gewesen und hat eine wertvolle, mit Stahl ausgelegte Flinte entwendet, die ein Familienerbstück aus dem Ungarnkrieg war. In Peinlers Herbergsbetrieb stiegen ständig Räuberbanden ab, deren Ware er als Hehler verkaufte. Alle Nachforschungen dazu seien im Sande verlaufen, berichtete Maria Peinler. Ihr war das verbrecherische Treiben zuwider, und sie hatte sich geweigert, daran teilzunehmen. Er verprügelte sie deshalb mehrmals. »Ich sollte«, so gab sie zu Protokoll, »der Sicherheit wegen die entwendeten Sachen verkaufen, weil mein Mann meinte, er könne es dann eher verantworten, wenn es doch herauskäme. Ich weigerte mich. Er bezeichnete mich deshalb als dumm, albern und faul. Ich besäße eben keinerlei Geschick. Ich antwortete, dazu wäre ich einfach nicht erzogen worden, und die Meinigen sollten das erfahren. Peinler sagte darauf, sie sollten nur kommen. Er würde mich prügeln, daß ich zu nichts und niemandem mehr nützlich wäre.« Maria Peinler wollte ihn deshalb verlassen und zu ihren Eltern zurückkehren, traute sich aber nicht. Als dann die Reiter in der Nähe auf einem Gut einquartiert wurden, kehrte Weinert häufig in der Peinschänke ein und machte als guter Gast die Bekanntschaft des Ehepaares. Peinler versuchte sofort, ihn in seine Raub- und Diebsgeschäfte zu integrieren. Er schlug als Erstes vor, den Teich in Patzen hinter dem Gasthaus seines Schwiegervaters abzulassen und den Karpfensatz zu holen. Dann wünschte er von Weinert, dass er sechs Gäule stehle, die er dem Meißner Amtmann schenken wolle, bei dem er sehr viel zu tun habe. Hans Weinert weigerte sich entschieden, darauf einzugehen. Peinler wurde fortan immer misstrauischer und feindseliger. Seiner Frau warf er vor, sie habe mit dem Reiter ein unkeusches Verhältnis. Seitdem misshandelte er sie in härtester Weise.

Maria Peinler war bis zu diesen haltlosen Vorwürfen ihrem Mann stets treu gewesen, nun aber gab sie dem Werben des Kürassiers nach. Sie wurde von der Gewalt der Leidenschaft derart ergriffen, dass sie den Entschluss fasste, ihren Peiniger aus dem Wege zu schaffen und den Geliebten zu heiraten. Sie schlug dem Kürassier vor, den Gatten umzubringen, und er war sofort einverstanden. Er wollte diese Frau haben und musste sich außerdem vor den kriminellen Absichten Peinlers schützen. Sie prüften verschiedene Pläne, wie man Peinler aus dem Wege räumen konnte. Einmal packte die Peinlerin ihrem Mann ein vergiftetes Butterbrot in die Tasche, welches sich jedoch als Fehlschlag erwies. So schlug sie ihrem Liebhaber vor, er möge sich beim nächsten Einbruch ihres Mannes bereithalten und ihn beseitigen. Die Tat würde dann sicherlich auf den Beraubten zurückfallen. Weinert traute sich nicht allein an den gewalttätigen Peinler, weil dieser ein eisenfester Kerl war und meist das gestohlene Gewehr bei sich trug. Folglich zog er seinen Freund Beck ins Vertrauen. Mehrfach berieten sie zu dritt, doch stets kamen unerwartete Hindernisse dazwischen.

Erst am 14. Februar ergab sich zufällig eine Gelegenheit zum Mord. Der Peinwirt teilte seiner Frau mit, dass er am folgenden Morgen nach Meißen müsse, um Geschäfte beim Amtmann zu erledigen. Maria Peinler schickte daraufhin ihre neunjährige Tochter in eine benachbarte Schänke und ließ Weinert rufen. Der Geliebte war verhindert und sandte seinen Freund Beck. Dieser traf die Peinlerin an der Haustür mit einer Kerze in der Hand und erfuhr von der beabsichtigten Reise. Michael Beck sagte dazu: »Bleibst du wirklich dabei, dass dein Mann erschossen werden soll? Denn wenn es herauskommt und sie dich danach aufgreifen und verhören, wirst du gestehen. Damit könnten wir beide ins Unglück kommen.« Sie antwortete: »Es soll mir gehen, wie es will. Ich gestehe nichts!« Sie wollte den Mord. Also besprachen Beck, die Peinlerin und der inzwischen hinzugekommene Weinert die Details der Tat. Beck sagte ihr, sie solle die Pforte zu dem Keller im Böschungshang am Mühlgraben offen lassen. Danach zechten die drei bis gegen dreiundzwanzig Uhr. Die Peinlerin hatte für die Soldaten Betten in der Scheune bereitet und weckte sie gegen zwei Uhr mit einem großen Glas Schnaps. Der Peinler sei eben aufgestanden und begebe sich gleich auf die Wanderung nach Meißen. Die beiden Männer versteckten sich im Keller an der Bachböschung, weil der Wirt dort vorbeikommen musste.

Als Peinler erschien, schoss Weinert seine Büchse auf ihn ab, und kurz darauf feuerte Beck seinen Karabiner ab. Peinler schrie auf und versuchte schwerblutend, den Rand der Böschung zu erreichen. Nun feuerte Weinert seine Pistole ab. Peinler taumelte in den Graben und brach zusammen. Weinert und Beck rannten zu ihm hin und schlugen ihm mit den Gewehrkolben den Schädel ein. Weinerts Hiebe waren so gewaltig, dass sich der Gewehrlauf verbog und der Schaft zersplitterte. Beck durchsuchte den Leichnam und nahm ihm das Geld ab. Die Bücher im Ranzen und die Äpfel rührte er nicht an. Weinert sagte: »Bruder, es ist genug, man weiß nicht, wie es noch kommt.« Beck erklärte im Verhör: »Ich habe darauf versprochen, den Karabiner schäften zu lassen. Deshalb habe ich das Geld eingesteckt, sonst hätte vielleicht auch Weinert etwas davon genommen.«

Danach rollten die beiden Mörder die Leiche weiter in den Bachlauf und bedeckten sie mit Schnee. Sie entfernten sich, ohne mit der Peinwirtin nochmals gesprochen zu haben. Am gleichen Tage brachte die Peinlerin ein gesundes Mädchen zur Welt. Der Kaplan ordnete an, dass man ihr aus Sorge um ihre Gesundheit den grausigen Mord verschweigen solle. Erst mehrere Tage später gelang es Weinert, sich heimlich zu ihr zu schleichen und zu berichten. Sie behielt den Geliebten bei sich und versprach, ihn zu heiraten, wenn er sie noch haben wolle.

Beck sagte dazu noch aus, die Peinlerin habe gegenüber den Leute im Dorf sehr betrübt getan, zu Hause aber hätte sie jauchzen können. Sie selbst sagte dem Gericht zu diesem Sachverhalt, sie habe sich nicht deshalb betrübt gestellt, weil die Leute gesagt hätten, sie traure nicht sehr. Besonders fröhlich sei sie aber auch nicht gewesen. Zwar sei es ihr lieb gewesen, den Mann endlich los zu sein. Belastet habe sie, dass das Haus voller

Schulden gewesen sei. »Hätte ich nur einen Mann gehabt wie andere auch, dem alles Gute nachgesagt wird, den wollte ich auf den Händen tragen und alles mit ihm ausstehen. Aber ich hatte nur Schande mit ihm.« Nach einer Weile fügte sie noch hinzu: »Weinert sagte zu mir, es sei nun einmal geschehen. Er wolle solche Sachen nie wieder tun. Wenn er nur diesmal davon käme. Er werde fleißig beten, damit ihm diese Sünde vergeben werde. Das gleiche werde auch ich tun! Ich habe wider das fünfte Gebot gesündigt.« Auf die Frage des Richters, ob sie als eine Mörderin und Ehebrecherin zu bestrafen sei, antwortete sie, ohne zu zögern. »Ja, freilich.«

Die Reiter bestätigten, dass ihnen die Kriegsartikel verlesen worden waren und sie darauf einen Eid geschworen hätten.

Wegen der Kompliziertheit des Verfahrens bei Maria Peinler beschloss das Gericht, das Urteil des Schöppenstuhls zu Leipzig in diesem Falle einzuholen. Darin steht am Ende: »Da nun die Inquisitin, Maria Peinlerin, auf ihrem getanen Bekenntnis vor dem Öffentlichen Peinlichen Halsgericht nochmals freiwillig beharrt oder des sonst wie Recht überwiesen wird, so wird sie wegen dieses Verbrechens zusammen mit einem Hund, Hahn, Schlange und einer Katze, anstatt eines Affen, in einen Sack gesteckt, ins Wasser geworfen und ertränkt werden.« Der Einspruch der Peinlerin, um Verwandlung der ihr hier zuerkannten Strafe in die des Schwertes, wurde höchsten Ortes abgewiesen. Das Gericht gestattete ihr aber, sich von ihrer Familie zu verabschieden, um »sich zu einem seligen Tode geschickt zu machen, auch zu dem Ende der Herr Superintendent um Zuordnung eines Diacons ersuchet«. Als geistlichen Beistand für die Hinrichtung bestimmten die Leipziger Schöppen Georg Serpilius. Er wurde in Ödenburg geboren, studierte in Leipzig Theologie und war seit 1690 Pfarrer in Wilsdruff. Er wusste, die nun folgende grausame Zerstörung des Körpers sollte der Seele den Weg in den Himmel bahnen. Während er ihr Brot und Wein reichte, sagte er: »Unser Herr Jesus Christus nahm das Brot, dankte und brach's und gab's seinen Jüngern und sprach: ›Nehmet hin und esset: Das ist mein Leib, der für euch gegeben wird.‹ Desgleichen nahm er auch den Kelch, dankte und gab ihnen den und sprach: ›Nehmet hin und trinket alle daraus: Das ist mein Blut, das vergossen wurde zur Vergebung auch deiner Sünden.‹ Im Lucasevangelium steht dazu, dass einer der Männer am Kreuz Jesus geschmäht haben soll, während der andere bereute und um Jesu Fürbitte angesucht habe, wodurch er erlöst worden sei: ›Wahrlich, ich sage dir: Heute noch wirst du mit mir im Paradies sein.‹ Maria Peinler dieses Sakrament gilt auch für Dich. Es ist das Zeichen, durch das Gott mit dir jetzt in Verbindung tritt. Er wird dich an der Himmelspforte erwarten.« Die beiden Geistlichen standen ihr auch während der Hinrichtung bei. Maria Peinler ging mit diesem Bewusstsein für die schaulustige Menge ungewöhnlich ruhig in den Tod.

Hans Weinert wurde in Liebenwerda erschossen. Michael Beck zu Grimma gerädert. Georg Serpilius wurde wenige Jahre später Superintendent, Konsistorialrat und Kirchenrat in Regensburg.

Tod eines Bigamisten

Johann Georg IV. von Sachsen wurde von seinem Bruder August dem Starken als so bedeutend angesehen, dass er ihn kopierte. Die Cosel-Affäre ist schließlich das Gegenstück zur Liebschaft Johann Georgs IV. mit Magdalena Sibylla von Neidschütz. Auf Befehl seiner Mutter musste Hans die besonders fromme Witwe des Markgrafen Friedrich von Brandenburg-Ansbach heiraten. Kurfürstin Eleonore von Sachsen-Eisenach hatte bereits drei Kinder und soll zickig, hochmütig und geistig nicht besonders beweglich gewesen sein.

Als seine Maitresse schwanger 1593 wurde, beschloss der hitzige und jähzornige Kurfürst, seine Mätresse als Zweitfrau zu nehmen. Im Eheversprechen schrieb er: »Kund und zu wissen, daß ich dies für eine rechte Ehe halte und erkenne, indem jenes nur eine zugesetzte Sache von dieser Kirchen, dieses aber ebensoviel ist. Sollte Gott Uns in diesem Ehestande segnen, so bekennen Wir frei und männlich, daß solche für meine rechten und nicht unrechten Kinder zu halten sind. Um aber keine Zerrüttung mit dem Kurhaus anzufangen, sollen diese, meine rechten Kinder keinen Anteil an den Landen haben und diese sowie meine Ehefrau Gräfin und Grafen genannt werden.

Ferner will ich mir ausgenommen haben, frei zu sein, noch eine Frau zu nehmen und zwar vom gleichen Geblüt mit mir, welche den Namen vom Kurfürst führen und ihre durch Gottes Gnade von mir zu zeugenden

Kinder rechtmäßige Erben dieser Kur und Lande seien sollen – indem keineswegs in der heiligen Schrift verboten ist, zwei Weiber zu haben, sondern als Exempel anzuführen wäre, womit es selbst von unserer Kirche zugelassen ist. Ferner habe ich auch gebeten, diese Schrift niemandem vorzuweisen, es sei denn höchst nötig.« Der Kaiser war einverstanden und erhob Magdalena Sibylla zur Reichsgräfin von Rochlitz. Johann Georg schenkte seiner Frau zur Linken Schloss Pillnitz, wo die öffentliche Bekanntgabe stattfand. August der Starke hat alle Details bis zur Erhebung seiner Kinder in den Grafenstand nachgeahmt.

Kurfürstin Eleonore schäumte jedoch vor Wut über diese Degradierung. Sie schleuderte verletzende Beschimpfungen heraus. Laut Karl Ludwig von Pöllnitz' Schilderungen beleidigte sie Johann Georg dermaßen, dass er sie daraufhin wutentbrannt mit dem Kurschwert erstechen wollte. Da griff August der Starke in die Schneide und entwand seinem Bruder das Schwert und trug den Strampelnden ungeachtet des tropfenden Blutes vor die Tür.

Doch nicht seine Liebesbeziehungen kostete ihn das Leben, sondern seine Absicht, absolut allein zu regieren, den Adel zu besteuern und jene Hugenotten ins Land ziehen zu lassen, die sich später in Preußen ansiedeln durften. Magdalena Sibylla starb an Blattern. Johann Georg überstand diese vermutlich und fiel Tage darauf in Moritzburg tot vom Pferd. In der Leichenpredigt sprach der sichtlich zufriedene Pfarrer: »Der Tote hat die Laster aller Zeiten büßen müssen. Der Herr über uns war hier wacker im Strafen.« Da sich der zuständige Hofapotheker kurz vorher das Leben genommen hatte, ging der Landtag davon aus, dass eine Partei nachgeholfen hatte. In der Präliminarschrift vom 7. Dezember 1694 äußerte man folgende Zweifel: »Es wollte verlauten, es sei durch allerhand böses Beginnen und boshaftes Vornehmen gottloser Leute, der so betrübte Tod des Kurfürsten veranlaßt worden.« Heute noch wird vermutet, sowohl der Kurfürst als auch seine zweite Frau Magdalena Sibylla könnten vergiftet worden sein. Sollte es sich tatsächlich um einen Giftmord gehandelt haben, könnte er also möglicherweise noch nachgewiesen werden.

Der Hofgespensterbeschwörer von Leipzig

Im alten Leipzig auf der Weststraße 1 waren vor dem Bombenangriff Bibliothek und Amtsräume der Freimaurerloge Minerva zu den drei Palmen untergebracht. Sie gehört zu den ältesten und interessantesten in der mitteleuropäischen Kulturgeschichte. Unter den durch den Krieg zerstörten Schätzen sollen neben einem originalen Zauberbuch des Dr. Johann Georg Faustus alle Aufzeichnungen über eine der bedeutendsten und gleichzeitig eigenartigsten Erscheinungen der deutschen Freimaurerei im achtzehnten Jahrhundert gewesen sein. Die Rede ist von Johann Georg Schröpfer. Zur gleichen Zeit wie Alessandro Cagliostro erregte Schröpfer mit magischen Kunststückchen Aufsehen, die er als vermeintliche Riten der Freimaurerei vorführte. Dabei fischte er die Hoffnungen der Menschen, die aus den trüben Symptomen eines krisengeschüttelten Zeitalters und falschen Wunschträumen entstanden sind, um der Aufklärung gezielte Schläge zu versetzen – so jedenfalls die Meinung der Aufklärer Friedrich Heinrich Jacobi, Moses Mendelssohn und Friedrich Nicolai. Seine Bedeutung, die sicher nicht mehr vollständig geklärt werden kann, liegt im politischen Bereich des untergehenden Feudalismus. Die Herzöge von Braunschweig und Sachsen sowie der König von Preußen waren begeisterte Anhänger Schröpfers.

Johann Georg Schröpfer, getauft 1739, war Gastwirt in der Messestadt Leipzig. Er gewann Einfluss auf führende Freimaurerkreise und Politiker, weil er vorgab, die weiße sowie die schwarze Magie zu beherrschen und Geister beschwören zu können. Dem hochverschuldeten Herzog Karl von Kurland, einem Enkel Augusts des Starken, versprach er mehrere Millionen Reichstaler in »sächsischen Cammer-Credit-Cassen-Scheinen« aus dem geheimen Vermögen eines Ordens, dessen Namen er jedoch nicht nannte. Dem sächsischen Adel und dem Konferenzminister Friedrich Ludwig von Wurmb versprach er bei einer Investition hohe Gewinne, worauf diese ihm ihr Geld anvertrauten.

Im Juni 1774 fand eine merkwürdige Sitzung im Kurländer Palais statt. Im Gartensaal hatte sich der Hochadel eingefunden, verstärkt durch fünf wissenschaftliche Gutachter. Der Meister wurde mit einer Hofkutsche gebracht. Zunächst wurde dem vortrefflichen Punsch reichlich zugesprochen. Räucherwerk betäubte zusätzlich die Sinne. Schröpfer, gekleidet mit einem ägyptischen Zaubererkostüm, murmelte geheimnisvolle Sprüche und begann konvulsivisch zu zucken. Plötzlich hörte man ein fürchterliches Prasseln. Die Saaltür sprang auf. Eine schwarze Kugel rollte herein, aus ihr drang weißer Rauch. In diesem Dampfvorhang erschien der sich bewegende schwärzliche Kopf Augusts III. Mit fürchterliche Stimme rief er: »Was willst du von mir, Karl? Weshalb störst du mich?«

Herzog Karl von Kurland musste wankend aus dem Saal geführt werden. Wohl noch eine Stunde soll Schröpfer mit seinem Gespenst herumgeopert haben. Dass der Betrüger mit einer besonderen Ausführung der Laterna Magica arbeitete, wusste man damals noch nicht.

Am folgenden Morgen erschien Minister von Wurmb allein im *Hotel de Pologne* und bat, den Vertrag über die Millionen nun einzulösen. Die Kosten des Haushalts stiegen ständig. Der Kurfürst sparte ausgerechnet am Unterhalt für seine Mutter und seine Onkels. Mitte September 1774 wurden die Kisten mit dem angeblichen Schatz aus Frankfurt geliefert. Für Minister Wurmb und die Spekulanten war es ein herber Schlag: In den Kisten befanden sich wertlose Papierfetzen. Schröpfer selbst war bei der Öffnung nicht zugegen, aus weiser Voraussicht war er davor aus Dresden nach Leipzig geflohen. Den Fall öffentlich machen konnte man nicht, zu groß waren Blamage und Verlust für die Geschädigten.

Am 8. Oktober versammelte sich die Rosenkreuzerloge bei Sonnenaufgang im Rosental bei Leipzig. Der Meister wollte seine Brüder in das letzte und tiefste Geheimnis einweihen. Zugegen waren die Görlitzer Kaufleute Fröhlich und Petri, der Rechtsanwalt Hoffmann, der Kriegsrat und Kammerherr des sächsischen Herzogs Christian Friedrich von Hopfgarten und der Stallmeister des Herzogs Hans Rudolf von Bischoffwerder erschienen. Der Meister bat um einen Moment Geduld und verschwand im Gebüsch. Dann schoss er sich eine Kugel in den Kopf. Ob und warum er sich umbrachte, ist bis heute nicht geklärt. Vermutet wird einerseits, er habe über seine Zauberei den Verstand verloren und wollte sich vor seinen Schülern selbst wieder auferstehen lassen. Nach neueren Untersuchungen erscheint ein gemeinschaftlicher Mord der Anwesenden wahrscheinlich. Denn durch seine Betrügereien und Täuschungen war die Freimaurerei in Verruf geraten. Friedrich der Große schrieb an Jean-Baptiste le Rond d'Alembert: »Sie müssen wissen, daß in Sachsen eine Sekte existiert, die wie die Hexe von Endor Geister zitiert.« Und Graf Moszinsky fand: »Schröpfer war in der Kunst der Geisterbeschwörung weitaus geschickter als Cagliostro, vor allem durch den gezielten Einsatz von Optik, Akustik, Mechanik und Physik.« Theodor Fontane schrieb über diesen sächsischen Cagliostro: »Dieser in seiner Art merkwürdige Mann bildete die Inkarnation jener Geisterseherei, welche von der Leichtgläubigkeit der Menschen lebte, die unter großen rätselvollen Phrasen das Wundertum, die Geisterzitation, den Rapport mit der geistigen Welt in den Vordergrund stellte, und ohne sich viel mit fortschrittlichen und rückschrittlichen Ideen aufzuhalten, von der Leichtgläubigkeit der Menschen lebte.«

Elisa von der Recke brachte noch einen weiteren Aspekt ein: »Außer Schröpfer sind noch viele andere in der Stille umherschleichende Werkzeuge der Jesuiten. Ab jetzt mußte jeder entweder als Komplize oder als jemand, der wirklich nicht bei Troste ist, betrachtet werden.«

Solche Rosenkreuzer im Gefolge von Schröpfer gab es noch einige Zeit, vor allem in Berlin. Neuer Meister vom Stuhl der Rosenkreuzerloge wurde Hans Rudolf von Bischoffwerder. Er stammte aus einer sächsischen Adelsfamilie im Raum Eckartsberga und wurde am

13. November 1741 als Sohn eines Werbeoffiziers geboren. Er studierte in Halle und wurde 1760 Cornet im preußischen Heer. Nach seiner Ausmusterung stand er zunächst vor dem Nichts. Aufnahme fand er beim sächsischen Kammerherrn von Wilcke auf dessen Lausitzer Gut, wo er sich mit der Tochter des Hauses vermählte. Bald darauf war er Kammerherr und Stallmeister des Herzogs Karl von Kurland in Dresden. Schröpfers Abgang zwang ihn, in Schlesien nach einem neuen Anfang zu suchen. Prinz Heinrich von Preußen stellte ihn als seinen Adjutanten ein. Er wurde zum Major befördert und wechselte in die Suite Friedrichs des Großen. Hier lernte ihn der Prinz von Preußen, Friedrich Wilhelm II., kennen. »Der Prinz brauchte Bischoffwerder, um sich bei den Ministern nach dem Stand der Dinge zu erkundigen. König Friedrich II. wußte dies, zeigte aber keinen Argwohn.«

1791 wurde Bischoffwerder Generalmajor. Sein Einfluss am Hofe König Friedrich Wilhelms II. wurde immer größer. Bischoffwerder hatte großen Anteil am Zustandekommen der Deklaration von Pillnitz zur Unterstützung König Ludwigs XVI. während der die Französische Revolution. Bischoffwerder befand sich nun geradezu in einer Hochstimmung. Er erinnerte sich, dass der Stafettenstab des Großkophta der Rosenkreuzerei an ihn gekommen war. Er erwarb die Laterna Magica des Meisters und meinte, nun sei die Zeit gekommen, eine Brücke zu Macht und Geld zu bauen. Der Meister hatte ihn schließlich in alle Geheimnisse eingeführt. Bischoffwerders eifrigster Schüler war der

König von Preußen, und das zu einer Zeit, in der es im Lande rapide bergab ging. Bischoffwerder überredete seinen König zu einer fortschrittfeindlichen reaktionären Politik.

Der Günstlingsminister kaufte das Gut Marquardt und ließ im Park eine unterirdische doppelwandige Grotte nach rosenkreuzerischen Ritual errichten. Hier zitierte er für seinen König Geister. Der König nahm wohl an fünf solchen Versammlungen teil. In einer beschwor Bischoffwerder als der große Chrisophiron Friedrich den Großen. Der Erfolg soll der gleiche gewesen sein wie beim Herzog von Kurland. Der angstschlotternde König musste hinausgetragen werden, so sehr fürchtete er seinen Onkel. Man lese Theodor Fontane dazu.

Nach dem Tod Friedrich Wilhelms II. überbrachte Bischoffwerder dem neuen König die Herrscherinsignien, wurde aber aus dem Dienst verabschiedet. Im Gegensatz zu seinem Meister starb er 1803 friedlich in seinem Bett.

Friedrich Schiller nutzte unter anderem den Stoff des Johann Georg Schröpfer für den ersten deutschen Kriminalroman *Der Geisterseher*. Vorbild für seinen sizilianischen Gespensterbeschwörer dürfte der sächsische Hof-Theurg gewesen sein, der vorgab, mit höheren Mächten Verbindung aufnehmen zu können. Schiller hat von diesem Kriminellen bei seinem Besuch in Dresdner Salons bei Körner und Kügelgen erfahren. Dr. jur Christian Gottfried Körner (1756–1831) kannte die Praktiken des Leipziger Gastwirts Johann Georg

Schröpfer aus eigenem Erleben als Leipziger Freimaurer. Zu Weinwirt Schröpfers illustren Gästen gehörten auch der Rektor der Universität Leipzig Prof. Dr. Crusius und seine Magistri. Der hochwürdige Herr Rektor hat über diese mysteriösen Vorgänge später ein Buch veröffentlicht, das der Peinlichkeit wegen in Berlin erschien.

Das letzte Drittel des achtzehnten Jahrhunderts brachte weitere wirtschaftliche Rezession, Krisen und Not. Weder die Freigeister der Aufklärung noch der Buchstabenglaube der Kirche wusste einen Ausweg. In das entstandene Vakuum schossen Geister- und Wundergläubige, und selbst aufgeklärte Menschen zweifelten, ob diese nicht vielleicht doch einen Weg wussten. Wilhelm von Kügelgen widmet dem interessantesten dieser Esoteriker ein ganzes Kapitel seiner Jugenderinnerungen.

Der sächsische Kaspar Hauser

Am 23. Januar 1856 starb in Hoyerswerda der Tuchscherermeister Johann Christian Gottfried Lehmann, auf dessen Grabkreuz der merkwürdige Satz steht: »Hier ruht in Gott Friedrich August von Sachsen, genannt Lehmann.« Das Sterberegister ergänzt: »… geboren 1774 zu Dresden, evtl. 1784«. Es gab tatsächlich Historiker, die dieser sagenhaften Geschichte Aufmerksamkeit widmeten, denn im Vertrag über den Religionswechsel Augusts des Starken soll es eine Geheimklausel mit der evangelisch-lutherischen Kirche gegeben haben, der zufolge das Haus Wettin wieder lutherisch hätte werden müssen, wenn der Erstgeborene ein Knabe gewesen wäre. Das Archiv der Landeskirche in Dresden verweist diese Behauptung allerdings ins Reich der Märchen.

1784 soll die Kurfürstin Maria Amalie Auguste von einem Knaben entbunden worden sein. Die Kanonen böllerten zwar, doch der Hof ließ die Meldung bekannt machen, es sei nur ein »versetzter Wind« gewesen, den die Kurfürstin zur Welt gebracht habe. Tags darauf musste sich die geplagte Frau öffentlich in der Kutsche zeigen. Dem Kurfürsten Friedrich August dem Gerechten habe Graf Camillo Marcolini eingeredet, das Kind sei die Frucht einer Liebelei mit einem Domestiken gewesen. Da der Kurfürst glaubte, selbst ein solches Schicksal zu haben, hat er besonders heftig reagiert. Seine Mutter, Maria Antonia von Bayern, soll diesen Sachverhalt Friedrich dem Großen offenbart haben. Als der Sohn der Mutter das Geld kürzen wollte, drohte sie im Gegenzug, seine wahre Herkunft publik zu machen. Der Staatsarchivar Max von Weber hat sich mit diesem heißen Brei beschäftigt, viel geschrieben, aber wenig gesagt.

Die Legende um Johann Christian Gottfried Lehmann könnte man heute für einen amerikanischen Science-Fiction-Film halten. Das Kind der Kurfürstin Maria Amalie Auguste soll der Gräfin Brühl von Litauen übergeben worden sein, die ihm die Haut der Fingerkuppen und die Augenbrauen wegoperieren ließ. Dann wurde der Knabe der Familie Lehmann in Spremberg übergeben. Den Pflegeeltern war es verboten, dem Knaben lesen und schreiben beizubringen, außerdem sollte er unbedingt evangelisch erzogen werden. Lehmann erfuhr durch Verwandte und Nachbarn von seiner wahren Identität. Er lernte lesen und schreiben, legte seine Meisterprüfung ab. Erst ab 1837 versuchte er, bei Hofe seine Rechte einzufordern. Man schob ihn als verrückt nach Preußen ab. Die dortigen Behörden drängten ihn, seine Behauptungen zu widerrufen. Schließlich erklärte ihn der Kreisarzt für geisteskrank.

Sein Grabkreuz befindet sich heute als Kuriosum im Museum Hoyerswerda. Die Inschrift wäre zu erneuern, kann aber mit viel Mühe noch entziffert werden.

Der Raub der Magdalena

Beinahe so alt wie das Christentum ist der Streit unter Fachleuten, ob Jesus eine Frau oder einen weiblichen Jünger gehabt hat. War Maria Magdalena die »Apostolin der Apostel«, die erste wichtige Zeugin des Todes und der Auferstehung des Messias, gar seine Jüngerin und Ehefrau? Das Marien- und das Philippusevangelium, zwei nichtbiblische Schriften, stellen sie auf eine Stufe mit den Aposteln und betonen ihre besondere Nähe zu Jesus. Die Verfasserin des Marienevangeliums soll Maria Magdalena, die Geist-Erfüllte, selbst gewesen sein. »Im Gegensatz zu den männlichen Jüngern floh Maria von Magdala nicht. Sie ist die durchgängige Zeugin der Kreuzigung, Grablegung und Auferstehung Jesu«, so die Theologin Susanne Buschmann zur Rolle Maria Magdalenas. Die katholische Kirche würdigt die Heilige nun mit einem Feststag. »Auf ausdrücklichen Wunsch des Heiligen Vaters Franziskus hat die Kongregation für den Gottesdienst und die Sakramentenordnung mit Datum vom 3. Juni 2016, dem Hochfest des Heiligsten Herzens Jesu, ein neues Dekret veröffentlicht, mit dem die Feier der heiligen Maria Magdalena, die bisher im Römischen Generalkalender als Gedenktag verzeichnet war, in den Rang eines *Festes* erhoben wurde.«

Und genau »diesen einzigen weiblichen Apostel« hat Antonio da Correggio wahrscheinlich auf Leinwand verewigt – der Problematik angemessen und genial, kann man sagen. Das Porträt *Die Heilige Magdalena* aus der Renaissance ist eines der schönsten, das je von dieser brisanten Persönlichkeit angefertigt wurde. Keines der noch so raffinierten Aktfotos unserer Zeit, die nur Schaufensterware präsentieren, kann sich damit messen. Im Gegensatz dazu erscheint das Nackte bei Correggio wahrhaft einzigartig. Vor einer sich in die Tiefe erstreckenden Landschaft hat sich Maria Magdalena auf den Boden gelegt. Während sie mit abgestütztem Kopf in einem Buch liest, zeigt sie dem faszinierten Betrachter vollkommen ungewollt ihre Brüste und eine nackte Schulter. Das Gemälde lässt den Betrachter zunächst über die malerische Kunstfertigkeit staunen und erfüllt ihn alsbald mit Begeisterung für Correggios Talent. Dieses Bild gestaltet das Intellektuell-Graziöse an sich. Warum die liegende Schönheit eigentlich Buße tut, verrät kein Detail der Darstellung.

Die Heilige Magdalena war Teil der wahrscheinlich bedeutendsten Kunsttransaktion des gesamten achtzehnten Jahrhunderts. Sie stammte aus der berühmten Sammlung des Herzogs Francesco III. von Modena und war eines von hundert Gemälden, die Francesco Algarotti 1746 für die Dresdner Gemäldegalerie einkaufte. Das Bild war damals so berühmt, dass es der besonderen Anstrengungen Algarottis und später Brühls bedurfte, um den Ankauf perfekt zu machen. Nach dem Ortswechsel hing es zunächst in den Privatgemächern von König August III. Nach seinem Tod 1763 fand es in der Dresdner Gemäldegalerie seinen Platz, wo es wiederum zu den beliebtesten Bildern gehörte.

Die Berater des Herzogs von Modena als dem Verkäufer des Bildes hatten möglicherweise den Inhalt nicht vollständig erfasst. Er jedenfalls legte besonderen Wert auf Edelsteine im Rahmen, welche der schlichten Aussage Correggios den fehlenden besonderen Pfiff verleihen sollten. Für Dresden erwies sich das als Fehler, da die Menschen dieses Detail kurz vor der Französischen Revolution völlig anders deuteten.

Die historische Einleitung zum *Verzeichniss der königlichen Gemälde-Gallerie zu Dresden* von 1880 enthält folgende bemerkenswerte Passage: »Es war am 23. 10. 1788, als der damalige Inspektor Johann Anton Riedel seinem Vorgesetzten, dem Grafen Marcolini, die betrübte Anzeige machte, daß in der besonders stürmischen Nacht durch frechen Einbruch eines Drahtgitters und einer Fensterscheibe folgende Bilder der Galerie entwendet worden seien:

Die berühmte *Magdalena* des Correggio.

Das Urteil des Paris von van der Werff.

Ein Kopf mit Hut und weißer Feder von Seybold.

Graf Marcolini ordnete sofort eine Bekanntmachung an, welche auf der Stelle gedruckt und an allen Ecken angeheftet, dem Wiederbringer der Bilder Eintausend Stück Ducaten verspricht.

Merkwürdig für die Charakteristik der Zeit ist ein bei den Akten erwähnter Umstand, der fast komisch in der allgemeinen Bestürzung erscheint. Der trostlose Riedel bekam nehmlich bereits am 29. Oktober desselben Jahres einen anonymen Brief aus Gera, worin ihm der Schreiber ein unfehlbares Mittel, den Dieb selber zur Rückgabe zu zwingen allen Ernstes anräth, die folgenden Worte:

Agmoet Melach Aglat Aglat Delay
† † † † †

über die Türe der Galerie und das zerbrochene Fenster zu setzen.« So weit Friedrich von Boetticher, Dresdner Verlagsbuchhändler und Kunsthändler zu dem Kriminalfall.

Die Kriminaljustiz hat sich aber nicht auf diese hebräischen Zauberformeln aus der Bibel verlassen und ihre Unfehlbarkeit erprobt, sondern auf eine Rückmeldung zu der Bekanntmachung gewartet. Tatsächlich meldete bereits drei Tage später ein städtischer Lampenputzer einen Fund. Als er die Lampen an der Appareille löschte, die auf den Zwingerwall führt, fand er in einem Kasten die beiden Bilder von Seybold und van der Werff nebst einem anonymen Brief an den Kurfürsten Friedrich August III. »nur zur eigenhändigen Eröffnung«. Der Lampenputzer brachte alles sofort zur Hauptwache auf den Neumarkt.

Der Räuber hatte offenbar erkannt, dass diese beiden Bilder wahrscheinlich weniger Geld als vielmehr Ärger einbrächten. Er verlangte, »dass die versprochenen Eintausend Ducaten an einem bestimmt bezeichneten Orte (ein Loch bei einem Meilenstein, an dem nach Hecht's Weinberg und nach dem Walde führenden Feldweg, vor dem schwarzen Thore hiesiger Neustadt) niedergelegt würden.« Darin solle also der Kurfürst die Belohnung deponieren lassen. Diese plumpe List war für einen Kriminalisten zweifelsfrei der einfachste Weg zur Entdeckung des Täters. Dazu wurde zunächst eine nicht überlieferte Antwort an der besagten Stelle verborgen und diese fortan vom Forstpersonal streng überwacht.

In der Zwischenzeit ging in der Hauptwache eine Anzeige zu dem Fall ein. Ein gewisser Johann Georg Wogaz hatte vor dem Schwarzen Tor in einem jüdischen Antiquitätenladen in Begleitung eines Bekannten recht auffällig nach dem Wert der Steine im Rahmen des Bildes der Magdalena erkundigt. Ein Umstand, der den erfahrenen Händlern sofort auffiel, da Wogaz dort schon mehrfach Hehlerware angeboten hatte. Da die Neustadt noch klein war, kannte man sich. Außerdem wusste man, dass Wogaz bereits wegen gestohlener Bienenstöcke in Untersuchungshaft gesessen hatte. Er war als »übelberüchtigtes Subject« bereits stadtbekannt. Er wohnte angeblich in Richtung Heller im Scheunenviertel, in der Nähe von Hechts Weinbergschänke auf dem neuen Anbau, und besaß dort Felder.

Die polizeilichen Ermittlungen gingen also gut voran. Ein Polizist wurde an das Ende der Rudolfstraße geschickt, um die unterschriebenen Quittungen für Militärfuhren in das Kasernenviertel an der Königsbrücker Straße zu holen, welche in der Registratur überprüft werden sollten. Der Handschriftenkundige der Polizeikommission fand, dass die Schriftzüge von Johann Georg Wogaz' Unterschrift mit denen im Brief an den Kurfürsten übereinstimmten. Graf Marcolini ließ alle Details über den Verdächtigen zusammentragen, die für den Fall von Belang sein könnten. Selbst scheinbar unwichtige Kleinigkeiten erfreuten den Oberkammerherren. Johann Georg Wogaz war ein in Dresden geborener Schuhmacher, der aber seit mehr als zehn Jahren nicht mehr in seinem Beruf arbeitete. Er hatte sich auf einem vom Kammerkollegium geschenkten Platz oberhalb des Bischofsweges ein Gut, eine Tabakplantage sowie eine Krappanlage gebaut. Auch das Haus seines Schwagers wurde überprüft, denn dieser war als Reitknecht in den Pferdeställen neben der Galerie angestellt gewesen. Gefunden wurde nichts, doch sein Schwager, ein gewisser Schneider Schulze aus der Friedrichstadt, brachte etwas Licht in die Diebereien. Er sagte aus, der Stiefsohn des Wogaz habe verlauten lassen, sein Stiefvater habe aus dem Palais Übigau ein großes Kanapee und einen Spiegel entwendet. Aus dem Zwinger seien große Vorhänge gestohlen worden, von denen seine Mutter und der Schneider Aretin je ein Streifchen geschenkt bekommen hätten. Dem Schneider fiel dann noch ein, das sei in jener Zeit gewesen, da im Zwinger Silber gestohlen worden war. Die Wogazin habe von einem Diebstahl im Jahre 1785 und 1786 aus der Kunstkammer zu erzählen gewusst, weil sich das Silber nicht einschmelzen ließ. Der Schneider sagte dann noch, Wogaz habe es wohl schon geschmolzen, auch die silbernen Schuhschnallen und den Pfeifenkopf. Aus der Katholischen Hofkirche habe Wogaz eine samtene Altarrückwand und mehrere Säcke mit Riesenvorhängen entwendet. Als er kurz nach dem Bilderraub mit ihm gesprochen habe, habe Wogaz wissen wollen, was das für Steine seien, die dunkel- und hellgrün sowie himmelblau glänzten, und ob man für einen Diamanten, groß wie eine welsche Nuss nicht eintausend Dukaten bekommen könne. Seiner Frau habe er einen Karneol geschenkt. Der Ermittler wusste nun genug und befahl eine erneute, noch gründlichere Hausdurchsuchung. Zu diesem Zweck ließ er den gesamten Fußboden unter dem Dach herausreißen.

Und tatsächlich: In der Absattelung des Schornsteins versteckte sich eine sauber getäfelte und gespundete Höhle, in der das fehlende Bild neben anderem Diebesgut aus der Moritzburg und den Kirchen lag. In diesem kleinen Raum fand man auch die bereits aus dem Rahmen gebrochenen Edelsteine, welche offenbar die Raublust Wogaz' angestachelt hatten. Das Bild bekam später einen für die Gemäldegalerie typischen Holzrahmen. Silber, Schmuck und Edelsteine des modenaischen Rahmens sind später geschätzt worden und hätten ganze hundertvierzig Taler gebracht.

Bei seinem Prozess sagte Wogaz auf die Frage des Amtsrichters, ob Kirchendiebstahl Sünde sei, dass er es nicht für eine große Sünde halte, wenn Kirchen und Schlösser beraubt würden. Die Richter wollten wissen, wie er den Raub bewerkstelligt habe. Wogaz erzählte, den Bruch habe er vom 21. zum 22. Oktober allein durchgeführt. Einige Wochen davor sei er eines Morgens durch den Stall auf der Schössergasse gekommen und habe zwei fremde Männer und eine Frau auf die Treppe zur Galerie gehen sehen. Aus der englischen Pforte sei ein kleiner Mann gekommen, den die Fremden fragten, ob er sie für einen guten Preis durch die Gemäldeausstellung führen wolle. Der Galerieaufseher habe die Fremden für nachmittags gegen drei Uhr wieder herbestellt.

Nachmittags zur vereinbarten Zeit habe er an der Pforte geklingelt und sei von dem kleinen Galerieangestellten problemlos eingelassen worden. Die drei erwähnten Touristen seien gerade vom Galerieinspektor Riedel herumgeführt worden, und er habe sich diesen angeschlossen, so als gehöre er dazu. Nach wenigen Schritten seien noch zwei katholische Geistliche hinzugekommen. Nach einem kleinen Zimmer seien sie in die innere Galerie geführt worden, wo er die *Magdalena* erblickte. Die Steine im Rahmen seien ihm sofort ins Auge gestochen. Als die Besucher wissen wollten, was sie Wert seien, habe Riedel versichert, eintausend Dukaten brächten sie schon. Beim Kopf des Seybold habe Riedel dann gesagt, ein Russe habe dafür eintausendsiebenhundert Taler geboten, es sei aber unverkäuflich. Dann hätten sie den Kopf durch ein Vergrößerungsglas betrachtet, wodurch sie die Bartstoppeln hätten sehen können. Dann habe er die Ausstellung mit der Gesellschaft verlassen, die seiner Meinung nach aus Prag stammen könnte. In das Besucherbuch habe er sich nicht eingetragen.

Zu der Zeit habe er den Gedanken die Bilder zu stehlen, noch nicht gefasst. Als aber ungefähr drei Wochen später die Commerziendeputation den rückständigen Vorschuss von hundert Talern und der Kaufmann Kühn sein Kapital von zweihundert Talern aufgekündigt hätten und er nicht imstande gewesen sei zu zahlen, seien ihm die Bilder und die Edelsteine wieder eingefallen.

Um eine günstige Gelegenheit für den Diebstahl auszukundschaften, sei er an einem Jahrmarktsdienstag herumgegangen und habe dabei herausgefunden, dass der Einstieg unterhalb der englischen Treppe am günstigsten wäre. Für den Diebstahl habe er den 21. Oktober gewählt, an dem noch immer der Jahrmarkt stattfand. Nach dem Abendessen sei er in die Stadt gegangen und habe auf dem Trödel eine große alte Schneiderschere und ein Wachslicht gekauft. Durch die Sporergasse sei er bis zu den bereits leeren Kürschnerbuden gegangen, um diese herum zu den Klempnern, wo auch keiner mehr gewesen sei. Über diese sei er auf die Treppe geklettert und zur Eingangstür hinaufgestiegen. Dort habe er mit der Schere ein größeres Loch in das Drahtgitter geschnitten. Danach habe er mit seinem Brotmesser die Seitenleisten aus der Tür gebrochen und die Glasscheiben herausgehoben und zwischen die Türen gesetzt. Dann sei er mit dem Kopf zuerst hineingekrochen, habe sich zum Türschloss gedreht und sich am Türwirbel hingezogen. Drinnen sei er in Richtung Frauenkirche gelaufen. Im Dunklen habe er mit seinem Tabakstahl den Schwamm angeschlagen und mit einem Stück Schwefel die Wachskerze entzündet. Vor einem Fenster habe ein Tisch mit einem Pult gestanden, deren Schubladen er durchsucht habe, aber kein Geld gefunden. Nachdem er die *Magdalena* dank ihrer blitzenden Steine nach einigem Herumirren doch gefunden und auch die anderen beiden Gemälde vom Nagel genommen habe, sei er wieder zur englischen Pforte zurückgekehrt. Dort habe er die Rahmen von den Bildern abgebrochen und diese in eine feste graue Leinewand gewickelt. Die Steine habe er eingesteckt. Auf dem gleichen Wege wie er hinein, sei er auch hinausgelangt. Über die Sporer- und die Schlossgasse sei er zur Elbbrücke und zum schwarzen Tor wieder hinaus.

Der Oberamtmann sagt dazu nur: »Ob nun wohl bei dieser Erzählung, wie wir bereits erwähnt haben, Wogaz wiederholt versicherte, daß er diesen Diebstahl ganz allein verübte, so hielten wir es doch für notwendig, seine Frau, seine Mutter, insgleichen sein Gesinde aufmerksam abzuhören. Keiner von ihnen hatte eine Kenntnis davon. Auch scheint es, daß Wogaz keine Komplizen gehabt hat.«

Es finden sich Notizen zu den übrigen Einbrüchen im Dresdner Raum. Am 16. April 1783 um elf Uhr abends stieg Wogaz von der Elbseite her durch ein Fenster ins Vorhaus des Palais Übigau. Er entwendete dort zwei messingne Armleuchter, vier grüne Fenstervorhänge, zwei weiße Gardinen aus Leinen, ein Spiegelglas, fünf Stuhlkappen aus Streifenleinwand und vier kaffeebraune Tischbehänge. Seine Beute trug er in einem Sack nach Hause.

In der Nacht zum 4. Januar 1788 ist Wogaz mit einer Leiter, die er bis nach Moritzburg trug, ins dortige Schloss eingestiegen. Von den herrschaftlichen Betten und sämtlichen Stühlen schnitt er die goldenen Tressen und die grünsamtenen Schurzbänder ab, riss vier rote Vorhänge herunter, packte außerdem eine gründamastene Bettdecke, eine Konsolschlaguhr sowie sechs weiße Leinenvorhänge in einen Sack und trug ihn nach Trachenberge.

Am 17. November 1787 brach er in die katholische Hofkapelle im Dresdner Schloss ein und montierte vier große Messingleuchter und die gesamte rotsamtene Altarrückwand ab. Daraufhin schnitt einen Vorhang aus grauem Leinen ab und trug seine Beute zu zwei Ballen verschnürt nach Hause. Beim Amtshauptmann von Watzdorf stieg er durch eine zerbrochene Scheibe ins Haus ein und nahm allen Schmuck sowie zwei Vorhänge mit.

Wogaz sagte dazu, dass es nach seinen eigenen Prinzipien weit weniger strafbar sei, Kirchen und öffentliche Gebäude zu bestehlen, als Privatpersonen das Ihrige zu nehmen. Danach gestand er weitere fünfundzwanzig Einbrüche. Die gestohlenen Teile hätten ihm bei den Trödlern tausendeinhundertsiebenundachtzig Taler, sechzehn Groschen und sechs Pfennige gebracht.

Der Dieb *der Heiligen Magdalena* konnte überführt, die Untersuchungen beendet und die Akten geschlossen werden. »Ich möchte anzeigen, man muß Wogaz als einen gefährlichen Dieb stets wohlverwahrt halten, und stelle zugleich höchstdenenselben anheim, ob Wogazens Mutter mit ihrem Gesuch um ihre Demission umsomehr bittselig zu werden verdient, da sie bereits ein hohes Alter erreicht hat und immer krank ist, aber auch, sobald sie auf freien Fuß kommt, weil sie nichts zu leben hat, unter die Almosenpercipienten gesetzt werden muß.

Nebst Beifügung der hier spezifizierten Akten und Protokolle in treuester Submission verharrend,

Dresden, am 20. Januar 1789«

Zum Entsetzen des Direktors der Gemäldegalerie Alte Meister, Prof. Dr. Ludwig Gruner, stufte der italienische Kunsthistoriker Giovanni Morelli die vermeintliche *Heilige Magdalena* 1880 als Kopie nach Correggio ein. Diese Erkenntnis löste unter Fachleuten einen Sturm der Entrüstung aus. Beim gestohlenen Bild hatte es sich um eine gute Nachbildung des ebenfalls italienischen Malers Pompeo Girolamo Batoni gehandelt. Die Forschung schätzt, dass das Gemälde um das Jahr 1742 entstanden sein muss. Seit dem Bombenangriff auf Dresden 1945 wird *Die büßende Magdalena* von Batoni vermisst.

Der Böhmische Wenzel

Die Jahre zwischen der Französischen Revolution 1789 und dem Wiener Kongress 1815 waren die hohe Zeit der Räuber. Süddeutschland war ein solches Eldorado für Räuberbanden: Es gab Wälder, wilde Landschaften und zahlreiche kleinere und größere Hoheitsgebiete. Das problemlose Wechseln der Grenzen erlaubte eine rasche Flucht. Deshalb erhielt das süddeutsche Gebiet im Laufe der Zeit in der Gaunersprache den Namen Spitzbubenland. Der untergehende Feudalismus und vor allem die Napoleonischen Kriege verstärkten den täglichen Kampf einer breiten Bevölkerung ums Überleben, man ging in die Wälder oder desertierte. Die Räuber erschienen zunächst als Sozialrebellen, sie wollten die junge bürgerliche Ordnung genauso zum Einsturz bringen wie den überlebten Feudalstaat. Vor allem Volkssagen idealisierten die Wegelagerer zu kommunistischen Umverteilen von offensichtlich fehlgeleitetem Eigentum. Der Protagonist wurde zwar vom Autor als Räuber bezeichnet, getrieben wurde der »edle Helden« aber von sittlichen Motiven. Die Wegelagerer wurden zu sozialen Märtyrern und boten Generationen von Autoren Stoff für ihre Werke: der slowakische Räuberführer und Nationalheld Juraj Jánošík, der böhmische Räuber Johann Georg Grasel, der Brandenburger Robin Hood Hans Kohlhase, der Wilderer Karl Stülpner aus dem Erzgebirge sowie der junge Gauner Johannes Bückler, genannt Schinderhannes. Man bezeichnet diese Periode deshalb als Räuberromantik.

Die Zeit des Biedermeier machte Besitz, Kunst und Kultur zum Statussymbol des Bürgertums, und Fürst Metternich baute das Überwachungssystem der Polizei aus. Es wurde eng für die Räubergilden – die Seele der neuen Zeit richtete sich vor allem gegen sie. Die Gangster verschwanden von der Bildfläche und damit auch aus den Buchhandlungen. Die Gemälde der Maler am Ende des neunzehnten Jahrhunderts stellten den Räuber oder Wilddieb nicht mehr als sozialen Helden in wilder anarchischer Zeit dar, sondern als markigen Gesellen in großartiger, bayrischer Landschaft oder als Verfolgten mit einer Todeswunde in der Brust in eine Hütte flüchtend.

»Bihmsch an Koppe und saksch an Orscho!« So charakterisieren die Sudetendeutschen ihren bekanntesten Räuber und meinen damit: Er war böhmisch im Kopf und sächsisch am Arsch. Wenzel Kummer senior wurde 1733 geboren, sagt das Geburtenregister der katholischen Kirchgemeinde Kleinbösig. Seine Frau Johanna war nur ein Jahr jünger als er. Bevor das erste Kind kam, musste das Häuschen fertig und die wirtschaftlichen Verhältnisse mit dem Kloster geregelt sein. 1765 stand Kummers Anwesen am oberen Rand des Trockentales direkt dem Haus seines Bruders Josef gegenüber. 1767 war es so weit, Wenzel Kummer junior erblickte das Licht der Welt. Er wurde noch als Leibeigener geboren und gehörte als Nachfahre deutscher Böhmen dem Augustinerkloster Weißwasser am Bösig.

Kaiser Joseph II., der Sohn Maria Theresias, forderte

von seinen Beamten, dass sie deutsch sprachen, denn er wollte dem Gesamtstaat eine einheitliche, straff zentralisierte Verwaltung mit Deutsch als Amtssprache geben. Konnte er die Bauern auch nicht ganz von Untertänigkeit und Lasten befreien, so hob er 1781 wenigstens die Leibeigenschaft auf. Das Patent Kaiser Josephs II. von 1781 brachte auch den Kummers die persönliche Freiheit, aber keinerlei Verbesserung ihrer Lebensumstände. Die gelehrten Mönche aus Weißwasser waren nun nicht mehr für Wohl und Wehe ihrer leibeigenen Bauern verantwortlich. Kummers konnten nun gehen, wohin sie wollten. Das Land gehörte weiterhin dem Dominium, als einem grundherrlichen Besitztum von Gottes Gnaden. Die Klosterbauern führten fünfzig Prozent von allem Erzeugten an die Herren Mönche nach Weißwasser ab. Da blieb kaum etwas zum Leben. Die politische Wende gestaltete das feudale Österreich brutal in einen kapitalistischen Staat um und brachte vor allem soziale Probleme. Nach dem in den Dörfern noch geltenden feudalen Recht hatte das Wirtschaftsamt des Dominiums volle Verfügungsgewalt über jeden seiner Untertanen, jedoch hinsichtlich seiner Zukunft keinerlei Verpflichtung mehr. Die Jugend hatte plötzlich weder Basis noch Zukunft. Man flüchtete in die Städte oder gar bis nach Amerika.

Als Wenzel fünf Jahre alt war, starb die Mutter an einer Epidemie. Weil ins Haus aber unbedingt eine Frau gehörte, heiratete Vater Kummer sofort wieder. Seine zweite Frau hieß Veronika Kummer. Sie brachte einen Sohn und acht Töchter zur Welt. Alle gingen in die deutsche Schule in Kleinbösig, die auf Initiative von Bischof Ferdinand Kindermann, einem Prager Studienkollegen des Meißner Bischofs Georg Franz Lock, eingerichtet worden war. Wenzel Kummer soll laut Heimatforschern auf diese Bildungschance verzichtet haben. Später beherrschte er die deutsche Sprache jedoch so gut, dass er sich in Wort und Schrift vor Gericht verteidigte. Es gab für ihn in Wiska und Umgebung keine Perspektive. Lehrstellen in Handwerk und Industrie gab es nicht, weil es ein landwirtschaftlicher Kreis war. Außerdem wäre ein Schulbesuch nötig gewesen. Sein Leben konnte sich nur in jener grauen Masse verlieren, die auf der Straße lebte.

Wenzel Kummer begann also schon zeitig mit kleinen Raubzügen und besonders mit Diebstählen, indem er das unerschöpfliche Reservoir der nahen Waldstein'schen Forste nutzte. Den Fünfzehnjährigen lieferte man als Kriminellen in das Manufaktur- und Spinnhaus Weißwasser ein, um ihn zu »korrigieren«, wie das im offiziellen Sprachgebrauch hieß. Bereits 1766 hatte Kaiserin Maria Theresia die Genehmigung zum Umbau des schönen Renaissanceschlosses und damit zur Gründung der ersten Kindermanufaktur Europas erteilt. Der Hochadel begriff die wirtschaftliche Wende rasch. Statt nach hohen Offiziersrängen oder Staatsämtern zu streben, stellten sich die böhmischen Fürsten und Grafen nun an die Spitze des langsam keimenden Kapitalismus. Die Kinder flüchteten vor der Arbeit in der Textilmanufaktur in die Weite der Wälder Nordböhmens, sobald sich eine Gelegenheit bot. Der Metallschläger- und Lehrmeister Ramstock hat ihnen dabei geholfen. Er selbst floh nach Sachsen, wo er in Herrnhut als Böhmischer Bruder bereitwillig Asyl fand. Die Flüchtigen wurden in Böhmen öffentlich als Emigrationsverbrecher in den Grenzdominien ausgehängt und gnadenlos als Deserteure verfolgt und eingesperrt.

Es dauerte nicht lange, da flüchtete 1784 auch Wenzel Kummer. Er hielt sich in den nahen Wäldern verborgen und hielt sich durch Diebstahl über Wasser, bis man ihn wegen Wilderei in Graf Waldsteins Wäldern bereits 1785 ins Zuchthaus Nimburg einlieferte. Diese Strafe scheint offenebar die einzige zu sein, die er ganz abgesessen hat. Denn nirgends wird eine Flucht gemeldet. Alle anderen Mauern schienen auf ihn den magischen Reiz ausgeübt zu haben, diese zu überwinden.

Erst im Herbst 1790 taucht sein Name im Strafregister wieder auf. Kummer hatte mit zwei weiteren Kriminellen einen ganzen Holzstapel geraubt und die Beute dummerweise unter falschem Marktzeichen verkauft. Er wurde diesmal sicherheitshalber in der Festung Jungbunzlau eingekerkert. Doch schon im Januar des folgenden Jahres war seine Zelle leer. Das war die zweite Flucht aus einem besonders festen Kerker.

Man fing ihn wiederum im Herbst. Er bekam dafür neun Jahre strengen Arrests aufgebrummt. Wenzel Kummer beschwerte sich schriftlich beim Oberkriminalgericht Leitmeritz und bekam recht. Seine Strafe wurde in zwei Jahre strenger Arrest in schweren Eisen gemildert. Nach einem Jahr verabschiedete er sich erneut von dieser ungastlichen Stätte. Nach dieser dritten

Flucht wurde er per Steckbrief gesucht, der überall im Land aushing und für einen Hinweis eine Prämie zusicherte. Abermals wurde er geschnappt und erneut nach Jungbunzlau überstellt. Am 29. Januar 1794 zwischen vier und fünf Uhr morgens brach Kummer zum vierten Mal aus. Hugo von Bieschin, der Kreiskommissar musste persönlich einen Bericht an den Hofrat nach Wien senden. Kummer begann offensichtlich zum Politikum zu werden. Die Armen Böhmens freuten sich über diesen König der Gefängnisausbrecher. Zu jener Zeit bildeten sich offensichtlich die ersten Sagen um ihn, meint jedenfalls Zdenek Hoffman vom Kreismuseum Mladá Boleslav (Jungbunzlau).

Kummer beschwerte sich erneut über die mangelnde Gesetzlichkeit der kaiserlichen Justiz. Er verlangte eine Behandlung nach dem geltenden Gesetz und nicht nach Feudalrecht. Die Appellationskammer des Obergerichts beschäftigte sich daraufhin abermals mit Kummers Verteidigung. Nun wurde ein anderer Weg eingeschlagen, um seinen Freiheitswillen zu brechen und ihn so zu disziplinieren, wie man im totalen Metternichstaat zu leben hatte.

Das Wirtschaftsamt des Klosterdominiums schlug vor, den mit einem Deserteur vom Regiment Stuart in Königgrätz umherstreunenden Untertan Wenzel Kummer künftig als Rekruten zwangseinzuberufen, und bekam dafür eine Belohnung. Wenn es ums Geld ging, kannte man das Wort christliche Milde oder Nachsicht nicht. Daraufhin beschwerte sich Kummer bei dem zuständigen Richter und der k. u. k.-Obrigkeit wegen dieser feudalistischen Rekrutierungsmanier, welche nicht mehr gesetzlich sei. Das Originalschreiben wurde an das Wirtschaftsamt des Dominums gesandt, um rechtliche Schritte einzuleiten.

Die Mönche antworten, die Beschwerde sei unstatthaft, da der Kläger sich übel aufführe, einen liederlichen Lebenswandel habe, als Häftling in Nimburg und Jungbunzlau eingekerkert gewesen sei und man ihn bereits erfolglos mit Spinnhausstrafe gezüchtigt habe. Kummer sei ein besonders unruhiger und boshafter Mensch. Er habe sich eines erneuten Diebstahls unter dem Namen Johann Mally verdächtig gemacht, indem er dem Lobester Braumeister zwei seiner Weihnachtsmastgänse gestohlen habe. Die Gänse habe man im Hause der Familie Kummer gebraten auf dem Tisch gefunden. Zur Begleichung der Unkosten wolle sich dieser Kummer nicht herbeilassen. Seine Beschwerde sei deshalb abzuweisen. In der Akte Pub. 37 vom 24. April 1794 wird er bereits als bekannter Dieb bezeichnet.

Damit war Wenzel Kummer, wohl ohne dass er je den Wunsch danach verspürt hatte, vom freien Mann zum Soldaten geworden. Der besonders gemeine Gemeine Kummer wurde sicherheitshalber von einem Unteroffizier und acht Soldaten nach Königgrätz abgeführt und vom Regiment als Einstimmung zunächst zu zehnmaligem Gassenlaufen durch dreihundert Mann verurteilt. Die Wünsche der frommen Padres hatten blutige Früchte getragen. Sein Vermögen sollte konfisziert werden, doch Kummer besaß nichts.

Am 17. März 1795 wurde gemeldet, dass er aus dem

Festungsarrest entwichen sei. Es war Kummers fünfter dokumentierter Ausbruch aus einem Zuchthaus. Die Stadtverwaltung von Melnik machte nach Ostern 1796 publik, dass sich Wenzel Kummer nach sicheren Nachrichten in Sachsen aufhalte und demnächst in Jungbunzlau einzubrechen gedenke. Man solle gut aufpassen. Das taten Polizei und Militärbehörden dann auch. Am 1. Juli 1796 bat das Bezirkskommando Königgrätz um ein Kommando und dazu eine sichere Marschroute für den gefassten Kummer. Wieder nahm man ihn in Festungshaft.

Als es Frühling wurde, hatte Kummer eine Festungsmauer durchbrochen und war auf seiner sechsten amtlich beglaubigten Flucht. Zu dieser Zeit soll er bereits Kontakte zu mehreren Räuberbanden gehabt haben. Die spektakulären Ausbrüche bauten sein Image aus. Einen solchen Hauptmann brauchten die desertierten Soldaten, welche seine Mannschaft bildeten. In den folgenden Jahren meldeten die Kriminalbehörden in Jungbunzlau und Leitmeritz nur noch, wo Kummer einen Raub vorhabe. Ihn selbst fingen sie nicht, wohl aber viele Mitglieder seiner Banden. Wenzel Kummer war für die österreichischen Behörden verschwunden. Die damals jahrelang überall aushängende Beschreibung des »herumstreichenden Verbrechers Kummer« machte ihn nur noch bekannter. Keiner verdiente sich das Kopfgeld. Damals könnte die ausufernde Legendenbildung eingesetzt haben, zumindest deuten viele Orte und einige Daten in den tschechischen Sagen darauf hin.

Wenzel Kummer war als Exilant ins Ausland verzogen – nach Schirgiswalde. Schirgiswalde soll Ausland gewesen sein? Nein, das wüsste man doch. In keinem Buch steht so etwas, keine Schule hat das je gelehrt. Stimmt. Allerdings sollte man jede Fahrt in eine Zukunft nur mit einem Blick in den Rückspiegel unternehmen. Für die Erinnerung ist Vergangenheit nichts, was man als so und nicht anders hinnehmen kann. Nie war Geschichte sich selbst Zweck. Stets entstand sie im Auftrag gegenwärtiger politischer Bestrebungen oder Parteien. In ihrem Auftrag wurden die vergangenen Tatsachen stets so ergänzt, verkürzt, verfälscht, gedeutet, zurechtgebogen, wie es nötig war.

Mehr als dreitausendfünfhundert Einwohner hat das Gebiet Schirgiswalde nie gehabt. In einer Nische über dem Eingang zur Apotheke breitet seit 1812 eine Madonna ihre Arme segnend aus. Gut, denke ich, wenn es um medizinische Fragen geht, kann man tatsächlich nur beten und hoffen. Der Marktplatz senkt sich nach Osten der Spree entgegen. Seit 1959 führt eine steinerne Brücke über den hier noch schmalen Fluss. Auf dem Geländer steht die Bildsäule des Heiligen Nepomuk, welche ihre Hände in Richtung Domstift Bautzen hebt, und kein Arbeiterdenkmal. Warum wurde das mitten im entwickelten Sozialismus gestattet? Gut, der Ort lag an der alten Handelsstraße von Bautzen nach Prag. Doch deshalb gleich Johannes von Nepomuk, den tschechischen Nationalheiligen, hier aufstellen? Die Oberlausitz ist schließlich zumeist lutherisch.

Über dem Ort thront die eigentlich etwas zu große

katholische Kirche, die ihren Glockenturm gebieterisch in das ringsum lutherische Land streckt. Schirgiswalde könnte man eigentlich als eine willkürliche Ansammlung von Häusern um diese Pfarrkirche bezeichnen. Ich steige die vierundsechzig Stufen der Freitreppe hinauf. Unten winkt mir eine Ecce-Homo-Statue hinterher, sehet ein Mensch! Man geht doch in solchem Falle gleich viel gerader. Geschaffen wurde das Kunstwerk von einem Böhmendeutschen. Das Gotteshaus hat Zacharias Hoffmann, ebenfalls ein deutscher Böhme, im böhmischen Barock erbaut. Nicht weit davon steht das schlichte Herrenhaus der ehemaligen Gutsherrschaft. Es wird als Schloss Schirgiswalde bezeichnet und ist durch einen parkartigen Garten gegen die übrige Stadt abgegrenzt – der einstige Sommersitz der Bischöfe von Bautzen und Dresden. Ein selbstständiges Ländchen? Ich höre zweifelnde Stimme, sie kommen aus dem Bücherschrank: »Vor hundert Jahren gab es mitten in Deutschland eine regelrechte Republik!«, tönt Ettore Roesler Franz.

»Da weder Österreich noch Sachsen hoheitliche Aufgaben wahrnahmen, ging die Staatsgewalt de facto vom Domstift aus. Es handelt sich um das staatsrechtliche Kuriosum eines unter geistlicher Herrschaft stehenden Gemeinwesens.« Das ist Prof. Rolf Vieweg.

»Schirgiswalde war unter der Herrschaft des Domstifts ein Staat für sich geworden«, so der Rechtshistoriker Hermann Nottarp.

Kummer lebte hier unter den Namen Johannes Wenzel und Josef Menzel, das verrät jedenfalls der einzige von ihm erhaltene Brief, welcher im Heimatmuseum ausgestellt ist. Kummers Bande war in der Klosterpflege Panschwitz-Kuckau eingebrochen. Einen Teil des Diebesguts hatten sie versteckt, die wertvollsten Teile trug Kummers Frau bei sich, als sie in Bocka verhaftet wurde. Einige Bandenmitglieder wurden gefasst und sagten gegen Kummer aus, der untergetaucht war. Zu allem Unglück hatte er aber keinen Taler in der Tasche. Also überbrachte ein Bote jenen Brief gegen einen Taler Wegegeld an den Hehler der Bande, Schnapsbrenner Kertschel, in Seidau bei Bautzen. Dieser sollte das Diebesgut sicherstellen, um es schließlich zu verkaufen.

»Bruder Kertschel, einen Gruß an Dich und Deine Frau,

ich muß Dich durch diese Zeilen bitten, weil wir im größten Malheur sind. Ich habe kein Geld an diesem Ort. Bis ich wieder an Ort und Stelle bin, übergib Du dem Überbringer mal einen Gulden Gold. Ich werde Dir am letzten Osterfeiertag von Schirgiswalde einige Taler schicken und einen Brief, wo Du das Geld hingeben wirst. Der Schiemann und seine Frau haben meine auch verraten. Sollte etwas zu hören sein, so lasse es die Frau Liebschen in Schirgiswalde zuweilen wissen. Diese Frau gibt Dir dann einen Gulden. Sonst wäre das unser aller Unglück, denn es ist was abzuholen. Du mußt es holen, es bricht uns sonst den Hals. Dein Geld sollst Du wieder bekommen. Es kann sogar sein, daß ich selber komme.

Dein Freund Johannes Wenzel, in der Eile

Versage mir die Bitte nicht. Ich bringe Dir doppelt ein. Weiter kann ich mich nicht ausdrücken.

Dein Freund Josef Mentzel

Lebe wohl im Branntweingäßchen auf der Seidau.«

Die Antwort solle Kertschel an diese Frau Liebschen senden, die dafür ebenfalls mit einen Goldtaler zahlen werde. Kummer selbst sei erst wieder in acht Tagen in Schirgiswalde. Der Bote, der diesen Brief zu Kertschel bringen sollte, wurde aber von der Polizei abgefangen. Und Oberamtsadvokat Häsler aus Bautzen sandte das Schreiben des Böhmischen Wenzel sofort an Bischof an Lock. Dieser befahl als Herr des domstiftlichen Gebietes, Kummer durch die Gerichte von Schirgiswalde »zustand zu bringen«. Sowohl Frau Liebschen als auch Kummer seien in Ketten zu legen.

»Mein Lieber Herr Stadtrichter Reime,

soeben nach Tisch überbringt mir Herr Oberamtsadvokat Häsler ein Schreiben des berüchtigten ›Böhmischen Wenzels‹, wie man ihn insgemein zu nennen pflegt. Dessen Frau ist vor einigen Tagen in Bocka, das gehört dem Kloster Marienstern, wegen Verdachts und vieler bei ihr gefundener gestohlener Sachen arretiert worden. Mehrere Komplizen haben gegen Kummer und von seiner Teilnahme an den Diebstählen Zeugnis abgelegt. Es ist zu wünschen, daß der berüchtigte und für die öffentliche Sicherheit gefährliche Mensch in Verwahrung und gerechte Strafe gebracht werde.

Verbleibe übrigens Franz G. Lock, Bischof und Administrator

Budissin, 29. März 1806.«

Stadtrichter Adam Reime und sein Gerichtsdiener machten sich auf den Weg. In allen verdächtigen Häusern wurde Haussuchung gehalten, doch Kummer war nicht aufzufinden. Der Stadtrichter schrieb seinem Herrn:

»Eure Bischöfliche Gnaden, gnädiger Herr,

auf das durch den Zuchtmeister aus Budissin an mich überbrachte Schreiben und den Befehl habe ich gleich nach Erhalt dessen bei der Liebschen mit den Gerichten in Gegenwart des Zuchtmeisters und seinen vier Leuten alle nur möglichen Hausvisitationen abgehalten, auch in einigen anderen Häusern in Neuschirgiswalde, aber nichts gefunden. Da bei der Liebschen sowie von dem angezeigten Böhmischen Wenzel nicht der geringste Verdacht gespürt worden war und dieselbe auch keinen Brief mit nach Bautzen gebracht hat, habe ich das alte 69jährige Weib nicht arretiert. Ich habe dafür einige Taler, in einen alten Lumpen eingepackt, im Bettstroh gefunden, worunter einige Speciestaler sind. Ich habe das Geld überzählt und zu uns unter Gerichtssiegel in Verwahrung genommen. Sie gibt selbst an, daß sie das Geld als Notpfennig ohne Wissen der Kinder aufbewahrt hat.

Dem Zuchtmeister habe ich sofort Nachricht gegeben, daß er sich mit seinen Leuten nach Crostau und Eulowitz in die Schänken begeben soll, da eben dort die beiden Töchter der Liebschen verheiratet sind. Vielleicht könnte sich dort der Böhmische Wenzel aufhalten, oder man kann von den gestohlenen Sachen etwas ausfindig machen. Weiter habe ich keinen Bericht.

Euer Bischöfliche Gnaden gehorsamster Diener Adam Reime.«

Wenzel Kummer lebte weiterhin in Schirgiswalde und Umgebung. Doch seine Glorie war in der neuen Zeit verblasst. Sie verlangte nach anderen, viel trickreicheren Kriminellen. 1808 erscheint der Name Kummer neuerlich in den Kriminalakten. In diesem Jahr wurde die schlesische Bande Kummers mit seiner Geliebten Anna Löwin gefasst, 1810 alle Mitglieder der böhmischen Räuberbande mit seiner Geliebten Rose Hartmann, welcher der Nimburger Haftrichter in seinem Bericht besonders heraushob. Vielleicht hat sie ihm gefallen. Im selben Jahr wurden fünfzehn Mitglieder seiner Schirgiswälder Räuberbande in Niemburg (Saale) verhaftet, jedoch ohne eine Frau. Die Richter fragten bestürzt, ob denn all diese Leute tatsächlich zu Wenzel Kummer gehörten und ob man denn all diese Kriminellen in die Nachbarländer ausliefern solle? Es gab keinen Zweifel. Sie mussten nach Schlesien oder Sachsen ausgeliefert werden. Wo aber war die dritte Geliebte Kummers geblieben, welche er selbst als seine Frau bezeichnete? Kummer erholte sich bei jedem Raubzug bei einer anderen Frau. Erst 1813 gelang es der Polizei, Wenzel und seine Frau zu verhaften und in der Festung Bautzen anzuketten. Doch dieser plante da schon seine siebte Flucht. Und so ereignete sich in Bautzens Fronfeste am 26. Juli 1813 Folgendes:

»Steckbrief. In der vorigen Nacht ist aus der Schloßfronfeste zu Budissin nach dem Bericht des Schloßverwalters durch Unterstützung von außen, der Räuber Wenzel Kummer, insgemein der Böhmische Wenzel genannt, entkommen. Kummer stammt aus Gutswüste bei Weißwasser in Böhmen. Es ist 50 Jahre alt, mittlerer untersetzter Statur, hat starkes, kurz verschnittenes Haar, und auf der rechten Backe eine Schmarre von einem Hiebe, und am linken Ohrläppchen einen Schlitz. Er hat bläuliche Augen, ein rundes Gesicht, eine spitzige Nase und eine helle Stimme. Er spricht perfekt Hochdeutsch, Böhmisch und Wendisch und hat ein schlaues Betragen. Bekleidet war er bei seiner Flucht mit einem blautuchenen Brustlatze, woran sich weiß metallne Knöpfe befinden, grau leinwandnen langen Beinkleidern.«

Die öffentliche Bekanntmachung zeigte Wirkung, am 27. September 1813 war der Verbrecher wieder eingefangen, ihn erwartete die Hinrichtung. In zwei ausführlichen Gutachten der juristischen Fakultäten der Universitäten Leipzig und Wittenberg war die Todesstrafe begründet worden und 1808 sogar ausdrücklich die zweimalige Todesstrafe gefordert. Wie die Todesstrafe gleich zweimal vollstreckt werden kann, bleibt allerdings unklar. Wurde erst gerädert und dann gehenkt oder geköpft und dann gerädert? Der Böhmische Wenzel musste handeln. Am 27. Oktober 1815 flüchtete er erneut.

Otto Schön, ein Lehrer und Schriftsteller der Oberlausitz erzählt die Geschichte dieser Flucht. Sein Großvater war der damalige Schlossfronvogt. Er verlor 1815 sein Amt wegen des sensationellen Ausbruchs. Diese äußerst verwegene Flucht des Böhmischen Wenzels hat der Beamte handschriftlich dokumentiert. »Seine Zelle war die Nummer 9 im (Schloß-)Turm und glich einem Stübchen von 40 bis 50 Quadratellen Fläche. Das Fenster war nahe der Decke angebracht und hatte ein doppeltes eisernes Gitter. Von der Straße unten am Fuße des Schloßfelsen betrug die Höhe gewiß 80 bis 100 Ellen. Durch dieses Fenster zu entkommen, war unmöglich. Die Tür war eine doppelte. Die innere von einfachen Brettern zusammengepinnt und hatte eine Umfassung von Brettern. Die äußere war aus doppelten Brettern und hatte in der Mitte ein starkes Schloß. Ihre Umfassung bestand aus Ziegeln, in welche der Umschlag der Türe eingefalzt war. Die Stube ist nach der großen Mühle hinausgegangen. Im Turm lagen drei Gefängnisse: Nummer 7, 8 und 9. Vor diesen befand sich ein Vorsaal, auf welchem eine Wäschemangel stand. Von diesem Vorsaal gelangte man durch eine Türe mit Schloß auf einen Gang, der auf einer Seite drei Gefängnisse, auf der anderen drei Fenster hatte. Diese waren mit senkrechten Eisenstäben verwahrt. Mit zwei Ketten an Hand und Fuß gefesselt, sah der Gefangene die Türen des Gefängnisses sich schließen. Die Ketten waren durch in den Fußboden eingeschlagene Haspen gezogen und an den letzteren mit schweren Vorhängeschlössern befestigt.

Das Verhalten Wenzels während seiner Gefangenschaft war gewinnend und zutraulich. Wenzel hatte zunächst die Haspen durch heftiges Umschnellen der Ketten aus dem Fußboden herausgezogen. Die Handschellen hat er über die Handgelenke gestriffen. Es werden nämlich diese, die nicht drücken dürfen, lieber etwas zu weit als zu enge genommen. Die Gefängniskost hatte zudem eine Abmagerung der Hand bewirkt und somit das Hindurchziehen ermöglicht.

Mit den etwa acht Zoll langen Haspen hat er das hölzerne Türgerüst der inneren Tür losgebrochen und dadurch zwei Ellen lange, schmale Bretter bekommen, mit denen er, sie als Hebel benutzend, die äußere Tür an der unteren Ecke möglichst weit aufpreßte, sodann an der offenen Stelle die Ziegelwände so lange bearbeitete, bis er selbst hindurchschlüpfen konnte. Nun war er auf dem Vorsaale des Turmes. Die Hebekeule und die Walzen der Mangel leisteten ihm nun die vortrefflichsten Dienste zur Sprengung der Tür, welche auf den Gang führte. Am mittelsten Fenster bog er mit der Mangelkeule einen eisernen Stab auf die Seite, schlüpfte hindurch und immer noch mit einer Kette am Bein stürzte er sich 14 Ellen tief auf dicht verwachsenes Holundergesträuch. Der Sprung war nicht so gefährlich, als man denken sollte. Denn unter dem Fenster war etwa 2 Ellen tief Putz abgefallen und das Mauerwerk bot einigen Halt. Die Sträucher boten Widerstand, daß er nicht so unsanft zu Boden fiel.«

Nun wandte sich Wenzel Kummer wieder Nordböhmen zu. Im Sächsischen waren sein Kopf und Kragen zu sehr in Gefahr. Da seine Frau Reese Hohlfelds im Gefängnis saß, tröstete er sich mit seinen beiden böhmischen Geliebten. Es ist nicht bekannt, ob Kummer Anstalten zur Befreiung seiner Frau gemacht hat. Auf seine Verhaftung war sowohl in Preußen als auch in Sachsen eine hohe Summe als Fangprämie ausgesetzt worden. Die Zeiten waren so schlimm geworden, dass sich nun fast jeder dieses Geld verdienen wollte. Von der Bewunderung für einen kühnen Räuber konnte man schlecht leben. Da seine Raubgesellen nahezu alle hinter Gittern saßen, musste Kummer nun wieder selbst einbrechen. Der Winter stand vor der Tür. Ende Oktober 1816 meldete das Kriminalgericht Nimburg einen Einbruch in das Markthaus Melnik. Den Behörden war sofort klar, wer sich da an der Kasse vergriffen hatte. Der flüchtige Wenzel Kummer nebst Freundin Anna Löwein und ihre Mutter Veronika wurden über einen Steckbrief in ganz Nordböhmen gesucht.

Am 20. Januar 1817 zeigte das Nimburger Kriminalgericht die »Zustandbringung« des Wentz Kumr, vulgo Böhmischer Wenzel, Johann Malli, auch Friedrich Christian im Gasthaus *Zur Schanze* in Hirschberg an. Eigentlich zuständig für den Schwerkriminellen aus Schirgiswalde war aufgrund eines Vertrags mit dem Bischof das Oberkriminalgericht Leitmeritz. Es bestand darauf, dass ihm der Gefangene ausgeliefert werde. Also bat das Kriminalgericht Nimburg in Königgrätz um militärische Bedeckung. Die alte Bischofsstadt berief sich dabei ausdrücklich auf eine kaiserliche Anordnung aus Wien. Kummers Transport führten ein Unteroffizier mit neun Soldaten und einem Arrestwagen aus. Das Regiment berechnete dafür neunzehn Goldstücke. In der österreichisch-ungarischen Monarchie dieser Zeit war es überhaupt üblich, dass die Betroffenen alle Rechnungen selbst zu zahlen hatten. Besonders hart traf das die Familien, welche für Unterbringung, Anschmieden und Beköstigung der Sträflinge zu zahlen hatten.

Nachdem Wenzel Kummer am 17. Juli 1817 in Leitmeritz abgeliefert wurde, verliert sich die Spur des berühmten Räubers offensichtlich in den Aktenschränken des Prager Staatsarchivs. Kummers Schwestern fragten im Kriminalobergericht Leitmeritz an, wo ihr Bruder sei. Antwort: »Existenzeruierung unmöglich!« Kummer wurde offensichtlich an einem geheimen Ort gefangen gehalten, da man eine weitere Flucht fürchtete. Hier reißt die Spur in das Aktendickicht ab.

Erst eine kleine Aktennotiz der Kriminalbuchhaltung führt wieder auf die Spur. Das Zuchthaus Leitmeritz hatte durch die Unterbringung Wenzel Kummers ziemliche hohe Ausgaben, welche es ausgerechnet bei der Staatskasse Prag anmahnte. Der Befehl zur Verlegung Kummers konnte aber nur direkt von der Wiener Hofburg gekommen sein. Man könnte also eine Anfrage im Wiener Kriegsarchiv wagen. Vielleicht wurde dort etwas über den Prozess gegen Kummer aufbewahrt.

Heureka! Die moderne Verwaltungsbürokratie muss von Österreich erfunden worden sein! Das Wiener Kriegsarchiv könnte tatsächlich die Lösung sein. Die Antwort aus Wien ist mehr als ermutigend. Hofrat Dr. Rainer Egger schreibt: »Wir konnten im Bestand ›Hofkriegsrat 8‹ Justizprotokolle über das kriegsrechtliche Verfahren gegen Wenzel Kummer finden. Das Verfahren fand beim Generalkommando in Prag statt. Man darf zumindest hoffen, daß die wichtigen Teile des laut Protokollvermerk ursprünglich eineinhalb Zentner schweren Aktenkonvoluts in Prag noch vorhanden sind. Bei den hier vorhandenen Unterlagen handelt es sich um insgesamt fünfundzwanzig Seiten, die in gedrängter Form über Kummers Verbrecherlaufbahn und Verfahrensfragen Auskunft geben.«

Wenzel Kummer wurde in einem geheimen Verfahren vom höchsten Militärgericht Böhmens verurteilt. Das böhmische Generalkommando in Prag wurde auf allerhöchsten Befehl – also auf den des Kaisers persönlich – angewiesen, diese Untersuchung gemäß des Artikels 26 im § 36 der Theresiana und der hofrätlichen Zirkularverordnung vom 25. Juni 1807 auf das Schnellste zu beenden. Trotzdem dauerte das Verfahren von 1817 bis 1822. Kummer war nach einer Weisung aus der Wiener Hofburg zunächst in sein Regiment nach Königgrätz gebracht worden. Militärrichter Klinger erwies sich als völlig unfähig, mit dem Aktenberg zurechtzukommen. Er fand keinen Ansatz für einen Militärprozess, da es sich bei den meisten Straftaten um Diebstähle, Einbrüche und Überfälle handelte. Kummer hatte den Anklageversuch angefochten und problemlos zu Fall gebracht. Er hielt seine Richter für total inkompetent und bewies das auch.

Der zuständige Hofrat aus dem Wiener Kriegsministerium beorderte Rittmeister Zödler vom Regiment Eger nach Prag. Dieses Kürassiere-Regiment wurde ohnehin nach Brandeis verlegt. Die Schwierigkeit für Zödler bestand darin, dass der größere Teil der Straftaten von Schirgiswalde aus verübt worden war – also im Ausland. Von dort waren die drei Banden gesteuert worden. Das durfte aber keinesfalls Bestandteil der Anklage werden. Der Bischof von Meißen musste auf kaiserlichen Befehl geschont werden. Zur Aufarbeitung der Verbrechen des Inquisiten Kummer hatte das Generalkommando Prag eine eigene Kommission bilden lassen, welche zunächst eine rechtliche Erkenntnis vorlegte. Demnach war der gemeine Kummer zunächst mit fünfundzwanzig Stockhieben zu bestrafen, weil er dem Gericht die schuldige Ehrfurcht versagt hatte. Es war nicht ersichtlich, welcher Verbrechen er anzuschuldigen war.

Trotz mehrfacher Ermahnung verzögerte er das Verfahren absichtlich und leitete die Kommission geschickt in die Irre. Stets erfand er neue Lügen und Ausreden. Rittmeister Zödler klagte in einem Bericht nach Wien, er habe deshalb eine ungleich längere Zeit gebraucht, als nach erstem Anschein aus den reichlich verworrenen Akten abzusehen war. Wenn er alle einundachtzig Anklagepunkte aus dem Zivilrecht ins Kriegrecht zurechtgebogen hätte, wäre er wohl kaum fertig geworden. Das Wiener Appellationsgericht glaubte, dass die Mühe, welche Zödler mit dem Heraussuchen von passenden Details und Ereignissen aus dem Aktenkonvolut gehabt habe, den Betrag von fünfhundert Goldgulden zusätzlich rechtfertige. Zödler sah das völlig anders. Allein zum Lesen all der Akten habe er ein halbes Jahr gebraucht. Er wollte das Doppelte als Honorar, darin sei die spätere Verwendung für unfeine, aber notwendige Abänderungen ausdrücklich enthalten. Das wurde für diesen höchst diffizilen Prozess vom böhmischen Generalkommando ausdrücklich bestätigt.

Rittmeister Zödler beschränkte sich bei seiner Anklage schließlich auf die elf schwersten Verbrechen Kummers. Dazu zählte er einen unbewiesenen Mord, zehn schwere Raubüberfälle, vierundsechzig Diebstähle, eine unerlaubte Heirat, mehrfaches Desertieren und sechsmaliges Entweichen aus Zuchthäusern in Böhmen. Am 10. September 1822 wurde Wenzel Kummer, genannt der Böhmische Wenzel, endlich verurteilt. Drei Tage vorher hatte das allgemeine Militärappellationsgericht Wien die juristische Zuständigkeit geprüft. Dazu waren zwei Abschriften des Kriegsrechtsvertrages, eine Aufstellung zum Strafextrakt und ein ausführliches ärztliches Zeugnis eingereicht worden. Kummer wurde schließlich unter anderem wegen zweifacher Desertion, Räubereien, Mord zu zwanzigjähriger Schwarzarbeit in schweren Eisen verurteilt. Als Extrazusatz war hinzugefügt worden. »Der Inquisit hat dienstags und freitags jede Woche zu fasten bei Wasser und Brot. Begründung: derselbe ist nur in Verbrechen aufgewachsen und war der Schrecken Böhmens, Schlesiens und der Lausitzen. Er ist überhaupt ein vollendeter Bösewicht gewesen, dem bereits die juristischen Fakultäten der Universitäten Leipzig und Wittenberg die Todesstrafe durch den Strick und die Flechtung seines Körpers auf das Rad zuerkannt hatten. Hier in Prag ist er der Todesstrafe nur deshalb entgangen, weil er seine früheren Aussagen im Ausland stets abgeleugnet und als erzwungen angegeben hat. Auf anderem Wege konnte er absolut nicht überführt werden. Es sind daher die strengsten Maßregeln der Aufsicht auf diesen der Menschheit so gefährlichen Verbrecher unerläßlich. Als Strafort wird Josefstadt bestimmt.

Beisatz: Auf diesen höchst gefährlichen Verbrecher ist jederzeit strengste Wachsamkeit zu halten. Er ist zu allen Zeiten voll mit schweren Eisen zu belegen.«

Am 8. August 1842 wurde der nun fünfundsiebzigjährige Wenzel Kummer aus der Festung Josefstadt entlassen. In einer Urkunde spricht man von »Lauflaß«! Er starb bald darauf am 6. März 1843 auf dem Ofen des Bauern Schafranek, Wiska Nummer drei. Selbst mit den Padres vom Kloster Weißwasser hatte er seinen Frieden gemacht. Sein Grab befand sich auf dem Friedhof Kleinbösig, bis man die Begräbniskapelle darauf baute. Das Wohnhaus der Familie Kummer steht noch immer am Rande des kleinen Dorfes Wiska oberhalb des Weges nach Nosálov. Der heutige Besitzer plant darin ein Wenzel-Kummer-Museum.

Napoleons sächsische Spionin

Als Fake News bezeichnet man heute Meldungen, in denen falsche Tatsachen verbreitet werden. Doch diese Problematik ist keine Erfindung unserer Zeit. Solche Verquickung gab es wohl schon immer. Es geht in diesem vorgeblichen Spionagefall um eine Frau, besonders gebildet und schön, die sich so konsequent gegen die herrschende Gesellschaft auflehnte, dass ein »Proteststurm der deutschen Seele« losbrach. Über sie wurden spektakuläre Storys verbreitet, weil sie derart ungewöhnlich für ihre Zeit war. Sie ist bis heute von der historischen Wissenschaft nicht rehabilitiert worden. Kürzlich veröffentlichte die mitteldeutsche Historikerin Anne-Simone Rous jedoch folgende anerkennenden Zeilen: »Abenteurerinnen in der Politik? Sachsen hat zwar keine Mata Hari zu bieten, aber eine Frau, die ihr fast ebenbürtig war: Gräfin Auguste Charlotte von Kielmannsegge, die sächsische Geliebte und wichtigste Agentin Napoleons. Aus der ihr aufgezwungenen standesgemäßen Ehe soll sie sich befreit haben, indem sie ihren Gemahl mit Kirschkuchen vergiftete. Ihre Liebe galt dem Kaiser der Franzosen, dessen Polizeiminister von ihr eifrig mit Informationen aus Sachsen gefüttert wurde. Der Außenminister Talleyrand wurde vor ›diesem großen ungeschlachten Frauenzimmer‹ gewarnt und ließ sie von den Behörden beobachten.«

Das wenige, was von der umfangreichen Bibliothek der Auguste Charlotte von Kielmannsegge erhalten werden konnte, liegt beim Kultusministerium Brandenburg. Der Literaturhistoriker Johann Georg Theodor Grässe schreibt über sie: »Diese Frau gehörte übrigens zu den klügsten und gebildetsten Frauen, die je existiert haben.« Zu den bedeutendsten Persönlichkeiten ihrer Zeit unterhielt sie rege Kontakte, insbesondere war sie eine Vertraute Napoleons. Dem Kaiser der Franzosen hielt sie vierzig Jahre über dessen Tod hinaus freundschaftliche Treue. In ihrem Lebenskreis erschienen Fürstbischof von Dalberg und Papst Leo XII., Zar Alexander und Fürst Metternich, Beethoven, Goethe, General Gneisenau und die Witwe Robert Blums, der eine Gleichberechtigung der Frau befürwortete. Zu einer solchen Persönlichkeit von wahrhaft europäischem Format wird man nicht in Mutters Salon oder in sächsischen Hofkreisen.

Auguste Charlotte von Schönberg wurde 1777 als Tochter der Gräfin Charlotte Dorothea von Hoym und des sächsischen Hausmarschalls Peter August von Schönberg geboren. Gerüchten zufolge soll sie jedoch die Frucht einer Liebschaft ihrer Mutter mit Marchese d'Agdolo sein. Ihre Mutter starb kurz nach der Verhaftung ihres Liebhabers. Über die ganze Geschichte bewahrte die Familie Schönburg eisernes Schweigen.

Guste verlebte eine sehr traurige Kindheit, unbeachtet vom Vater. Sie wuchs bei ihrer Großmutter im reizvollen Hermsdorf bei Dresden und beim Hofarzt Dr. Mittelhäuser auf. Dort lernte sie die Größen des Dresdner Salonlebens kennen und schätzen, unter ihnen Gerhard von Kügelgen Kügelgen, Carl Maria von Weber,

Friedrich Schiller, Josef Mathias Grassi. Eduard Theodor Böttcher, Heinrich von Kleist, Novalis. Vor allem der Philosoph Arthur Schopenhauer übte einen nachhaltigen philosophischen Einfluss auf sie aus. Die junge Gräfin von Schönburg verlangte fortan gleichberechtigt neben Männern anerkannt zu werden, schließlich wisse sie oft wesentlich mehr. Damit schlug sie für ihre hochadlige Umgebung völlig aus der Art. Das brandenburgische Kultusministerium ordnet sie im Gegensatz zu ihren bisherigen Biografen erstmals als »eine der großen Frauen der Romantik« ein.

In ihren Memoiren erzählt sie durchaus glaubwürdig, dass sie als überspannte Siebzehnjährige die Befreiung ihres vermeintlichen Vaters d'Agdolo aus der Festung Königstein geplant habe. Einer der ins Vertrauen gezogenen Festungsoffiziere berichtete das aber dem Dresdner Hof. Der ehemalige Oberst der Schlosswache d'Agdolo blieb bis an seinen Tod Staatsgefangener. Der Grund seiner Verhaftung ist bis heute geheim; sogar seinen Ministern verschwieg Kurfürst Friedrich August III. die offenbar ganz private Ursache. Nur er und seine Mutter, auf deren Anregung die Verhaftung erfolgte, kannten d'Agdolos Vergehen. Der Kurfürst erklärte seinen Ministern, dass die Sache nur ihn persönlich angehe, nichts mit Staatsangelegenheiten zu tun habe und deshalb nicht vor den Staatsrat gehöre. Ein Jesuitenpater soll d'Agdolo vernommen und dessen Aussagen mündlich dem Kurfürsten übermittelt haben, der d'Agdolo zu lebenslanger Festungshaft mit monatlich fünfzig Talern Taschengeld verurteilte. Der letzte Brief Aloisius Marquis d'Agdolos an den Kurfürsten vom 20. Juli 1800 begann mit: »Würdigster, geliebtester Sohn, Busenfreund, und höchster Wohltäther in allen meinem Noth …«

Auguste Charlottes Hofball 1793 war das erste Ereignis, bei dem sie erstmals auf dem Heiratsmarkt präsentiert wurde. Sie erregte wegen ihrer außergewöhnlichen Schönheit, ihres Wissens und der überdurchschnittlichen Sprachkenntnisse großes Aufsehen. Überliefert ist dies durch den französischen Botschafter am sächsischen Hofe. Die jungen Offiziere stieß die Schöne als zu dumm vor den Kopf und machte dazu auch noch Witze. Böse Gerüchte über ihre zweifelhafte Abstammung machten von nun an die Runde. Die hoffnungsvollen jungen Herren wollten ihren adeligen Stand rächen und sie zur Offiziershure degradieren, worin sie ihre eigentliche Position sahen. Guste verweigerte sich dem Ansinnen konsequent. Da griff der Hofgeistliche Pater Linbacher persönlich ein und versuchte selbst, sie zu verführen. Das endete mit einem bösen Eklat für den Pater, da ihr väterlicher Freund, der Hofmaler Grassi sich bei der Kurfürstin beschwerte. Eine Verleumdungswelle wurde von den Jesuiten inszeniert, selbst ihr Vater konnte oder wollte dem nichts entgegensetzen. Die Folge war ein heftiges Nervenfieber. Das Gerücht verfolgte sie nicht nur bis ins hohe Alter, sondern vor allem in die Darstellungen sächsischer Geschichte. Auf diese Verleumdungen ist wohl ihre lebenslange Bewunderung für Napoleon zurückzuführen, dessen Gesetzbuch *Code civil* aus dem Jahr 1804 als erster Schritt für die Gleichberechtigung der Frau gedeutet werden kann.

Ihr Vater bestimmte, dass sie 1796 den Grafen Rochus August von Lynar auf Lübbenau zu heiraten habe. Nun hofftc sie, dafür endlich ihre Freiheit zu bekommen und den ehrabschneidenden Gerüchten zu entkommen. Doch genau das Gegenteil geschah. Graf Lynar nahm seine Offiziershure aus Dresden mit aufs Schloss. Angeblich forderte Lynar von Guste jährlich ein Kind. Sie schrieb über diese Zeit: »Ich weinte tagelang aus dem Gefühl meiner Unerfahrenheit heraus an der Wiege meine Kinder, besah mit Schauder die Turmspitze der Lübbenauer Stadtkirche und dachte, daß es mir 60 Jahre bestimmt sein könnte, in dieser geistlosen Lage, diesen unbeweglichen Punkt zu beschauen. Endlich gewöhnte ich mich eine Apathie an, der es genügte, täglich eine Elle Plattstich zu sticken, dazwischen englische Romane zu verschlingen und gleich einem Bereiter zu reiten oder zu voltigieren.«

Die Ehe wurde zur Qual, der sie 1797 durch eine Reise nach Italien mit ihrem väterlichen Freund, dem Hofmaler Grassi, zu entkommen versuchte. Dort traf sie Napoleon, der gerade seinen Italienfeldzug beendet hatte, vermutlich zum ersten Mal. Graf Lynar starb plötzlich am 1. August 1800. Der Sage nach sei die Ursache ein Stück vergifteter Kirschkuchen gewesen. Sofort entstand vom Spreewald bis Dresden das Gerücht, Auguste Charlotte von Kielmannsegge habe ihren Mann vergiftet. Kurz danach bestellte die Gräfin bei Ludwig van Beethoven eine Sonate, welche die Ideen und Ereignisse der Französischen Revolution aufgreifen sollte. Beethoven, ein Anhänger der Revolution, missfiel Napoleons imperialistische Politik. Er setzte seine Honorarforderungen so hoch an, dass die Gräfin ihren Auftrag am 1. Mai 1802 zurückzog. Angeblich war sie in finanziellen Schwierigkeiten, da ihr der Familienclan wegen ihrer unklaren Herkunft nach dem Tod ihres Vaters 1791 die Herausgabe des Erbes verweigert hatte. Die Familie forderte eine erneute Heirat, erst dann bekäme sie ihren Erbteil. 1802 heiratete sie den hannoverschen Gesandten in Dresden, Graf Ferdinand von Kielmannsegge. Der preußische Junker verstand sehr viel vom Krieg, noch mehr von Soldatendrill und Pferdezucht. Er versprach dem Familienverein, Guste zu kirren wie ein Ross. Gräfin Auguste Charlotte sah in ihrem Mann nur einen kulturlosen, brutalen Bauern mit Stammbaum, wie sie selbst schreibt. Die Scheidung war bereits vorprogrammiert, als sie ihren ersten Sohn Napoleon nennen wollte, er aber lieber Alfred.

1807 wurde Graf Kielmannsegg als englischer Spion verhaftet und sollte erschossen werden. Die Gräfin reiste daraufhin nach Saint-Cloud und bat Napoleon in einem persönlichen Gespräch, ihren Mann zu begnadigen. General von Kielmannsegg dankte es ihr, indem er sie verprügelte, weil sie sich in Männersachen eingemengt und ihm den Heldentod verdorben habe. Fortan fühlte sie sich in Frankreich zu Hause, weil man sie dort als Frau und als herausragende Persönlichkeit anerkannte. Als Gesellschafterin der Herzogin von Kurland, einer Schwester der Elisa von der Recke, pflegte sie Kontakt zur Familie des französischen Außenministers Talleyrand, dessen politische Ansichten sich nach der

Revolution von denen Napoleons entfernten. So wirkte Auguste Charlotte als Spionin Napoleons im Hause Talleyrand.

Ihre Kinder mussten als Eigentum und sozusagen als Auftragswerke der Familien in Lübbenau und Hannover bleiben. Eine Mutter hatte keinen rechtlichen Anspruch auf sie. Die Ehe verkörperte, wenn man so will, die politische Lage in Europa im Kleinen. Graf Kielmannsegg lebte das reaktionäre Deutschtum, welches den Feudalismus mit dem modrigsten Firlefanz restaurieren wollte. Die Gräfin Kielmannsegge stand für die Errungenschaften der Französischen Revolution, für den *Code Civil*. Beide setzten ihr ganzes Vermögen für die jeweilige Idee ein. Schließlich hatte sie am eigenen Leibe spüren müssen, dass der gesellschaftliche Fortschritt notwendig war, vor allem für Frauen. Deshalb stand sie entschlossen an der Seite Frankreichs gegen »Ein Volk steht auf, der Sturm bricht los!«. Es ist eine Haltung, die bis heute aus nationalistischen Gründen keiner bewundert, obwohl es an der Zeit wäre.

1811 wurde die Gräfin von Kielmannsegge, offenbar auf Wunsch Napoleons, nach Sachsen zurückgesandt, um ihm über die Stimmung im sächsischen Adel zu berichten. Auf ihrem Wege sollte sie den Weimarer Musenhof besuchen, um sich der Treue Herzog Karl Augusts und Goethes zu versichern. Weitere Aufträge führten sie auf Wunsch Napoleons zum Zarenhof nach St. Petersburg und nach Krakau, wo sie Freundschaft mit Poniatowski schloss. Als sie endlich auf ihrem Besitz, Schloss Schmochtitz in der Lausitz, ankam, wartete dort bereits ihr Herr und Ehemann. Die Scheidung wurde beschlossen, Napoleon persönlich hatte sie bewilligt. Der Rückweg führte General von Kielmannsegg über Sohland, wo er den späteren Napoleonattentäter von der Sahla angeworben haben soll.

Als Gutsherrin umgab sich die schöne Gräfin mit ausgesuchten Mädchen, mit denen sie an den Höfen zwischen Dresden und Paris Eindruck machen konnte. Sie drängte ihre Auftraggeber, mehr Geld zur Verfügung zu stellen. In der sorbischen Lausitz machte sie sich mit großzügigen Geldgeschenken für die Taubstummenanstalt und den Sorbenverein beliebt. Ab 1815 wuchs unter ihrer Obhut ein Sohn der Geliebten des Generals Le Tellier auf. Die Fama dichtete ihr diesen Sohn an, den sie 1816 in Schmochtitz zur Welt gebracht haben soll. Nach anderen Versionen soll das Kind von Napoleon oder Joseph Fouché stammen. Ihr Ziehsohn selbst behauptete mit königlicher Unterstützung, die Gräfin Kielmannsegge sei seine Mutter und Napoleon sein Vater. Da diese ihn nicht anerkannten, ertränkte er sich in die Elbe.

Schließlich wuchs Gustes Bargeldbedarf so an, dass sie sich entschloss, die Güter Neusalza-Spremberg, Dürrhennersdorf und Schmochtitz zu verkaufen. Neue Sagen über sie kamen in der Residenz auf. So müsse sie täglich einen Hanfstrick um den Hals tragen, den der Henker regelmäßig zu kontrollieren habe. Nach ihrem Tode stellte sich heraus, dass es ein ihr persönlich von Napoleon verliehener Anhänger war. Napoleon wurde auf Elba und schließlich auf St. Helena verfrachtet. Ab dem 5. Mai 1821, Napoleons Todestag, trug Guste nur noch Schwarz. Sie trat, wie Napoleon es gewünscht hatte, zum katholischen Glauben über. Sie versuchte, den Herzog von Reichsstadt, Napoleons Sohn Napoleon Franz Bonaparte, nach Paris zu bringen, doch Metternich entzog ihr auf einen Wink des sächsischen und des französischen Geheimdienstes den Reisepass. Die Zelle in der Festung Theresienstadt war bereits hergerichtet, die Gräfin soll in letzter Minute in die Republik Schirgiswalde entkommen sein, für den Wiener Hofrat unerreichbar.

Als sie gerade überlegte, ob sie in ein Kloster eintreten solle, um das Leben in völliger Isolation zu beenden, meldete Grassi den Kauf eines Schlösschens an der Weißeritz mit eigenem Zuckerbäcker. Sie zog 1840 ins Reisewitzsche Schlösschen in Dresden-Plauen. Dort trug sie alles zusammen, was von und über Napoleon erreichbar war. Sie plante ein Napoleon-Museum. Daneben sammelte sie mit viel Wissen Gräser, Blumen, Pflanzen und vor allem Steine. Letztere wurden vom Kultusministerium Brandenburg 2003 in der sehenswerten Ausstellung »Steine aus Europa. Die Sammlung der Gräfin Auguste Charlotte von Kielmannsegge (1777–1863)« im Museum Schloss Lübbenau der Öffentlichkeit zugängig gemacht. Sie lebte bis zu ihrem Tod 1863 in völliger Einsamkeit, nur durch einen regen Briefwechsel mit der Welt verbunden. Sie wollte sich ursprünglich in Hermsdorfer Erde bestatten lassen, wo sie wenige glückliche Kindheitsjahre verlebt hatte. Ihre letzte Ruhe fand sie aber schließlich auf dem Alten katholischen Friedhof in Dresden, dem Palais Brühl-Marcolini gegenüber, wo sie einst von Napoleon empfangen worden war. Ihr Grab liegt neben dem Carl Marias von Weber. Auf gleichem Friedhof liegt auch Pater Linpacher. Für ihr Grab in Hermsdorf wünschte sie sich, ihre Devise »Einsam und ergeben« sollte darüber stehen. Dieser Wunsch ging nach einem Familienbeschluss der Familie Kielmannsegg nicht in Erfüllung, obwohl sie dies in ihrem Testament ausdrücklich so festgelegt hatte.

Mord aus Liebe zu Deutschland

Politisch motivierte Ermordungen führender Politiker durch Einzeltäter gibt es schon seit der Antike. Ziel ist dabei der Umsturz des bestehenden Staatswesens. Eine solche Situation war nach dem Wiener Kongress 1815 herangereift. Dem Gottesgnadentum der aus der Geschichte überlebten Herrscher stand die Forderung der Bürger nach Volkssouveränität gegenüber. Der Liberalismus der europäischen Bürger, die den Obrigkeitsstaat abzulösen versuchten, barg das Potential zur radikalen Umformung der Staatenordnung in sich. Es war eine Zeit, vergleichbar mit der heutigen, in der man noch nicht weiß, was hinter der nächsten Wegbiegung der Geschichte auf einen lauert. Einer der umstrittenen Terroristen dieser Zeit war Karl Ludig Sand aus Wunsiedel, einem idyllischen Städtchen am Fuße der Kösseine im Fichtelgebirge. Wunsiedel war zuvor als Jean Paul Friedrich Richters Geburtsstadt bekanntgeworden. Ein halbes Menschenalter nach ihm betrat ein Terrorist aus dieser Stadt den Boden der Europapolitik, dessen charakterliche Eigenheiten die Fichtelgebirgler als Besonderheiten ihres Landstriches erklären.

Karl Sand entstammte einer alten Coburger Familie, die seit dem vierzehnten Jahrhundert auch in Thüringen nachweisbar ist. Sein Vater Gottfried Christoph Sand wurde 1785 zum Stadtrichter und Landvogt des zum Fürstentum Bayreuth gehörenden Wunsiedel berufen. 1791 fiel das Fürstentum an das Königreich

Preußen. Gottfried Christoph Sand wurde damit preußischer Justizrat. Seine Mutter Dorothea Schöpf war die jüngste Tochter des Kammerrats Johann Martin Schöpf, des Begründers der Brandenburg-Schöpfschen Baumwollmanufaktur, eines frühindustriellen Unternehmens von regionaler Bedeutung. Die Familie zählte zum Kreis der örtlichen Honoratioren. 1795 wurde Karl Ludwig Sand als jüngstes von acht Geschwistern geboren, von denen drei früh starben. Ab 1804 besuchte Sand die Lateinschule in Wunsiedel. Er galt als langsamer, aber fleißiger Schüler. Bestimmende Einflüsse seiner Kindheit waren einerseits das kulturell von aufgeklärtem Protestantismus und preußischem Patriotismus geprägte Elternhaus, andererseits das Erlebnis der französischen Besetzung. Im Herbst 1806 wurde das Bayreuther Gebiet (und damit Wunsiedel) im Zuge der Koalitionskriege von französischen Truppen besetzt und 1807 im Frieden von Tilsit an Frankreich abgetreten. Die Einquartierungen und Kontributionen bedeuteten eine erhebliche wirtschaftliche Belastung für die Region. Sands Familie war von den einhergehenden Änderungen direkt betroffen, da die französischen Besatzer dem Vater die Pension strichen. Dazu kam die politische und militärische Unsicherheit an der Peripherie des französischen Herrschaftsbereichs. Seine Mutter gab ihm folgende Worte mit auf den Weg: »Bestrebe Dich immer und ununterbrochen auf Dich achtzuhaben, damit Du nicht einzelne große Handlungen für Tugenden hältst, sondern jede Minute das zu wirken und zu leisten suchst, was unsere Pflicht von uns fordert.«

Ab Ostern 1810 besuchte Sand das Gymnasium in Hof. Er wohnte beim Rektor Georg Heinrich Saalfrank, der der Familie Sand freundschaftlich verbunden war. Nach der Schließung des Hofer Gymnasiums infolge der beispiellosen »Revolution von oben« wurde das Bildungssystem umgestaltet. Sand folgte seinem Lehrer an das Gymnasium in Regensburg, das er im September 1814 abschloss. Seine besorgte Mutter schrieb ihm: »Ich beschwöre Dich bester Karl, laß durch die Schwäche der Schwärmerei Dich nicht abführen von bürgerlichen und häuslichen Hinsichten!« Sein Vater hielt es für nötig, das genauer zu formulieren: »Laß Dich nicht durch den jetzigen leichtsinnigen Geist der Zeit verführen und glaube mir als Deinem alten erfahrenen Vater, daß frühe wahre Gottesfurcht die einzige sichere Vormauer gegen Verführungen besonders in der Jugend ist und daß alle Kenntnisse ohne Religiosität nichts sind als tönend Erz und klingende Schelle.« Es waren vielleicht schon Ahnungen, aber in den Wind gesprochen.

Als Napoleon zu einer Musterung seiner Truppen in Hof eintraf, verließ Sand die Stadt und kehrte zu seinen Eltern zurück, weil es ihm schier unmöglich war, »den Unterdrücker des Vaterlandes in Hofs Mauern zu wissen, ohne mein Leben an denselben zu wagen.« Ein Jahr später war Sand achtzehn Jahre alt und wollte gegen Napoleon ins Feld ziehen, doch die Schlacht um Leipzig machte das überflüssig.

Karl Sand war geprägt durch den aufgeklärten Protestantismus des Elternhauses, der die Rechtfertigung einer Tat allein durch das Gewissen bejaht, durch die mehrfache Lektüre des *Deutschen Volkstums* des »Turnvaters« und Nationalisten Friedrich Ludwig Jahn, den Untergang Napoleons 1814 und den Beginn des Wiener Kongresses, von dem man sich zunächst die Verwirklichung deutschnationaler Ideen versprach. Nach dem Abitur unternahm er eine Reise in die Schweiz, fand jedoch zu seinem Bedauern in den Bewohnern des Landes keine Ebenbilder von Schillers Tell, den ihm seine Lehrer vermittelt hatten. 1814 immatrikulierte Sand sich an der Universität Tübingen. Wenige Tage zuvor, am 19. November 1814, war dort das Corps Teutonia gegründet worden. Sand wurde zunächst Fuchs (Mitglied in der Probezeit), am 22. April 1815 Vollmitglied. Als mit Napoleons Rückkehr aus der Verbannung auf Elba die Herrschaft der Hundert Tage begann, meldete sich Sand freiwillig und marschierte als Kadett des Freiwilligen Jägerkorps des Rezat-Kreises gegen Frankreich. Bevor es zu einer Feindberührung kam, beendete die Schlacht bei Waterloo die kurze Herrschaft Napoleons. Sands Truppenverband blieb einige Zeit als Besatzung in Auxerre, im Dezember 1815 erfolgte der Heimmarsch und die Auflösung des Regiments.

Nach seiner Rückkehr setzte Sand sein Studium an der Universität Erlangen fort, wo im Gegensatz zu Tübingen noch die traditionalistischen, landsmannschaftlich organisierten Studentenschaften dominierten. Im Juni 1816 wurde Sand Mitglied der Landsmannschaft Franconia, die er von innen reformieren und dem burschenschaftlichen Gedanken zuführen wollte. Nach dem Misslingen dieses Plans trat er aus und wurde von

Franconia am 18. August 1816 offiziell ausgeschlossen. Daraufhin warb er in Erlangen intensiv für burschenschaftliche Ideen und Gleichgesinnte um sich. Mit ihnen gründete er am 27. August 1816 auf dem Versammlungsplatz, einem Rütli genannten Garten auf dem Erlanger Burgberg, die Erlanger Burschenschaft. Wegen ihrer altdeutschen Tracht erhielt sie von ihren Gegnern zum Spott den Namen Teutonia. Sie verschmolz im Dezember 1817 mit der allgemeinen Erlanger Burschenschaft, die heute den Namen Burschenschaft der Bubenreuther führt.

»Diese Teutonia lebte völlig von dem Willen und dem Geiste Sands, der keinen anderen Willen neben sich duldete. Schon sein Ziel war die christlich-deutsche Burschenschaft, aber seine Ideen waren verstiegen, seine Worte schwülstig. Mit Gebet begann und schloß er auch die einfachsten Veranstaltungen der Teutonia. Mit Engstirnigkeit, ja Verbohrtheit, verfocht er seine Ideen. Auch seine Professoren behaupteten: Er habe kein Auge für die Wirklichkeit und ihm fehle die jugendliche Frische der anderen«, so die Einschätzung Ernst Höhnes 1936.

Florian Clöter, Sands enger Freund und Hausgenosse beschreibt ihn folgendermaßen: »Die wissenschaftliche Arbeit wurde ihm sehr schwer, seine Auffassungsgabe war beschränkt, das Gedächtnis nahm nur mit Mühe an, schwer oder gar nicht war mit Gründen dem beizukommen, was er erfaßt zu haben meinte, und er konnte dabei sehr erregt und bitter werden; aber seine Gesinnung war höchst edel, allem Gemeinen und Unreinen war er entschieden abgeneigt, opferbereit für alles Echte und Gute, treu und hingebend dem Freunde.«

Bei den Professoren galt er als fleißiger und vorbildlicher Student und tiefgläubiger Christ. In einem Bericht des akademischen Senats der Erlanger Universität, den die bayerische Staatsregierung am 15. Dezember 1817 wegen des »gefährlichen revolutionären Geistes« der neu gegründeten Burschenschaft angefordert hatte, urteilten die Erlanger Professoren über Sand: »Dem Carl Sand sind wir das rühmliche Zeugnis schuldig, daß er, während seines Aufenthaltes in Erlangen zu den sittlichsten und musterhaftesten Studierenden gehörend, den Mut hatte, sich durch die Verfolgungen der Landsmannschaften im Guten nicht irre machen zu lassen. Dies ist die einstimmige Ansicht und Überzeugung, wozu wir uns durch eigenhändige Namensunterschrift gemeinschaftlich bekennen und sie Ew. Kgl. Majestät nach Pflicht und Gewissen offen zu Füßen legen.«

Allerdings wussten die Wissenschaftler nicht, was Sand zu der Zeit in seinem Tagebuch notierte: »Gott, du ließest mein deutsches Vaterland durch seine eigene Kraft dem Joche der Knechtschaft sich entwinden. – Herzenslenker! Auch mir wurde zuteil, wenigstens mit auszuziehen, wenngleich nicht mitstreiten zu können fürs Vaterland!«

Im Oktober 1817 nahm Sand am Wartburgfest in Eisenach teil. Er war Mitglied des Festausschusses und Fahnenbegleiter beim Zug auf die Wartburg. Auf dem Fest verteilte Sand seine zunächst wenig beachtete Flugschrift zur Gründung einer »allgemeinen freien

Burschenschaft«, die erst 1818 größere Wirkung entfaltete. Sand war an der Bücherverbrennung auf dem Wartenberg, bei der unter anderem August von Kotzebues Geschichte des deutschen Reichs verbrannt wurde, beteiligt. Kotzebue wurde von den Burschenschaftern unterstellt, als russischer Spion gegen Deutschland zu agieren, nachdem ein ihm gestohlener informativer Bericht an den russischen Zaren über die patriotische Zeitung *Nemesis* veröffentlich worden war. Bereits dort beschloss Sand, den russischen Staatsrat und Gesandten als Volksverräter zu beseitigen.

Nach dem Wartburgfest setzte Sand sein Studium an der Jenaer Universität fort – er hörte bei Jakob Friedrich Fries, Heinrich Luden und Lorenz Oken. Er wurde Mitglied der 1815 in Jena gegründeten Urburschenschaft und ihres Ausschusses, im Sommersemester 1818 auch des inneren Zirkels, des »engeren Vereins« und des Vorsteherkollegiums. Kurz nach seiner Ankunft in Jena suchte Sand Johann Wolfgang von Goethe auf mit der Bitte, das alte, zum Abriss anstehende Ballhaus für die Turnübungen der Burschenschafter benutzen zu dürfen, doch ohne Erfolg. Mit Heinrich von Gagern, Heinrich Leo, August Daniel von Binzer, Uwe Jens Lornsen und anderen Burschenschaftern gründete er einen wissenschaftlichen Verein innerhalb der Burschenschaft. Unter dem Einfluss Karl Follens entwickelte sich Sand zum Anhänger der »Unbedingten«, eines Flügels der Burschenschaft, der politischen Mord nicht ausschloss. In seinem Flugblatt »Teutsche Jugend an die teutsche Menge, zum 18. October 1818« mit einem Ausschnitt aus Karl Follens *Großem Lied* rief er Burschenschafter und Volk zum politischen Handeln für deutsche Einheit und Freiheit und gegen die Fürsten auf und verbreitete es auf dem zweiten Burschentag in Jena. Es fand keine Resonanz. Im Herbst 1818 reiste er nach Berlin, wo er Friedrich Ludwig Jahn aufsuchte und sein Flugblatt unter den Studenten verteilte. Jahn trug ihm auf, alle Schlachtfelder der Befreiungskriege zu besuchen, an denen sie ihr Weg vorbeiführte.

In Deutschland reagierte niemand auf die Zeichen und Signale von der Wartburg. Bei keinem Biedermeier schienen die Forderungen der Burschenschaften ein Echo auszulösen. Sand beschloss dieser schläfrigen Bürgerwelt endlich ein Zeichen zum Aufstand gegen das überlebte System zu geben. In dieser Situation der inneren Leere schrieb er: »Wer wird mir's glauben, daß ich den Tod erleiden will, wenn ich's nicht wirklich vollbringe!« Dabei phantasierte er im Vorgefühl, was seine Freunde wohl sagen würden, zu einer solchen unerhörten Tat, die man von ihm nicht erwartet hätte. Ende 1818 schrieb er, »daß soetwas geahndet werden müsse«. Aus einem französischen Hirschfänger ließ sich Sand von einem Messerschmied einen Dolch schmieden, zu dem er ein Wachsmodell angefertigt hatte. Er nannte ihn »mein kleines Schwert«.

Ende Februar 1819 schrieb eine Zeitung, dass Kotzebue Deutschland verlassen wolle, um nach Russland zurückzukehren, denn Wahrheit sei hier eine widerliche Arznei; Deutschland bleibe lieber krank, ehe man sich entschlösse, sie einzunehmen. »So ist unsere jetzige Ueberzeugung entstanden«, schreibt er, »daß die Demokratieen nur einzelne Städte beglücken, daß die Monarchie die beste und natürlichste Regierungsform ist, daß Stände allerdings dem Fürsten wie dem Volke sehr nützlich sein können, daß sie aber nicht eine Art Opposition gegen den Fürsten bilden, sondern nur des Hauses biedere Söhne sein sollen, die dem Vater freundlich rathen, nicht ihm vorschreiben dürfen und endlich, daß unbedingte Preßfreiheit zwar viel nützt, aber noch mehr schadet.« Kotzebue bespöttelte den Zeitgeist, verachtete das Turnwesen, wütete gegen die akademische Freiheit und diffamierte sie offen als Quelle gegenwärtigen und künftigen Übels.

Von nun an stand Sands Entschluss fest. Ende März schrieb er einen Abschiedsbrief »An alle, die Meinigen«, um sich von seiner Familie zu verabschieden.

»Treue, ewig treue Seelen!

Euch bringt dieses Blatt des Sohnes, des Bruders letzten Gruß zurück! Viele der ruchlosesten Verführer treiben ungehindert, bis aufs völlige Verderben unseres Volkes hin, bei uns ihr Spiel. Unter ihnen ist Kotzebue, der feinste, boshafteste, das wahre Sprachwerkzeug für alles Schlechte unserer Zeit und seine Stimme ist recht geeignet, uns Deutschen allen Trotz und Bitterkeit gegen die ungerechtesten Anmaßungen gar zu benehmen und uns einzuwiegen in den alten faulen Schlummer. – Er treibt täglich argen Verrat am Vaterlande und stehet dennoch geschützt durch seine heuchlerischen Reden und Schmeichelkünste und gehüllet in den Mantel des Dichterrums, trotz seiner Schlechtigkeit da, als ein Abgott für die Hälfte Deutschlands, die von ihm geblendet, gern das Gift einnimmt, das er in seinen halbrussischen Zeitschriften darreicht …

Das letzte Heil, das höchste, liegt im Schwerte,
Drück dir den Speer ins treue Herz hinein,
Der deutschen Freiheit eine Gasse!

Jena, Anfang März 1819

Euer in treuer Liebe Euch ewig verbundener Sohn und Bruder

Karl Ludwig Sand.«

Ein weiteres Schreiben ging an die Deutschen Burschenschaften zu Jena: »Todesstoß dem August Kotzebue! Ich weiß nichts Edleres zu tun als den Erzknecht und das Schutzschild dieser feilen Zeit – Dich Verderber und Verräter meines Volkes August von Kotzebue – niederzustoßen.«

Am 22. März 1819 brach er nach Mannheim auf und war tags darauf im Gasthof *Zum Weinberg*, wo er einen Schoppen trank und sich danach von einem Lohndiener zum Hause Kotzebues führen ließ. Der Dichter empfing ihn im Wohnzimmer. Sand stellte sich als Kurländer vor. Nach einigem Hinundherreden trat er einen Schritt vor, zog seinen Dolch aus dem Ärmel und stieß ihm diesen mehrmals in die linke Seite. »Hier du Verräter des Vaterlandes!« Kotzebue sank zusammen.

In diesem Moment sprang der vierjährige Alexander von Kotzebue zur Tür herein. Er glaubte, sein Vater und der Fremde spielten Krieg. Der Kleine begann zu schreien, worauf die übrigen Hausgenossen das Zimmer betraten. Sand kam völlig aus dem Konzept. Statt sofort zu flüchten, kehrte er den Dolch gegen die eigene Brust und stieß zu. Dennoch gelang es ihm, aus dem Haus zu treten. Angesichts der sich bildenden Menschenmenge erkannte er, dass eine Flucht unmöglich war. Er rief: »Hoch lebe mein deutsches Vaterland und das deutsche Volk.« Dann sank er zusammen. Eine Hebamme riss ihm die Weste auf und wusch ihn mit Essig. In dem Augenblick erschien die Stadtwache und trug ihn auf einer Tragbahre ins Gefängnis. Ein Glas Wein am nächsten Morgen weckte seine Lebensgeister wieder. Er wünschte, der Aufseher möge Violine oder Gitarre spielen. Vor Eisenketten wurde er verschont und in ein bequemeres Zimmer verlegt.

Da es in diesem Fall um ein hochverräterisches Verbrechen ging, übernahm die wenige Monate zuvor auf Befehl Metternichs eingerichtete zentrale Untersuchungsbehörde in Mainz den Fall und sandte einen Untersuchungsrichter. Da der Inquisit geständig war, konnte das Oberhofgericht bald ein Urteil fällen. Alle zwölf Richterstimmen plädierten für Enthauptung. Auf die Frage, ob ein Antrag auf Begnadigung zu stellen sei, enthielten sich fünf Richter der Stimme, zwei wollten die Frage den urteilenden Richtern überlassen, drei stimmten mit nein, zwei bejahten die Frage, die Todesstrafe im Wege der Gnade zu umgehen. Am 5. Mai 1920 verkündete das Gericht sein Urteil: »Der Inquisit Karl Ludwig Sand aus Wunsiedel ist des an dem kaiserlich-russischen Staatsrat verübten Meuchelmordes für schuldig und geständig zu erklären, daher derselbe – ihm zur gerechten Strafe, anderen aber zum abschreckenden Beispiele – mit dem Schwert vom Leben zum Tode zu bringen sei.«

Der Gefängnisdirektor gestattete einem Maler, Sand zu porträtieren. Er durfte seinen Schulfreund Bietenfried empfangen und bekam Besuch von Oberst von Holzungen, der ihn verhaftet hatte. Sand selbst wünschte, seinen Scharfrichter zu empfangen, und hielt dessen Hand während der ganzen Unterhaltung. Der Henker konnte seine tiefe Bewegung nicht verbergen. Sand musste ihn ermutigen. »Bleiben Sie nur standhaft, an mir soll es nicht fehlen. Denn nachher werde ich Ihnen nicht mehr danken können.«

Die Begleitung durch einen Geistlichen zur Hinrichtung lehnte Sand strikt ab, das sei nicht Sache der Religion. Dafür kamen am letzten Abend gleich drei Geistliche, um sich die Zusicherung zu holen, dass der Verurteilte nicht zu der zu erwartenden Menschenmenge sprechen werde. Sand sagte, da sei keine Gefahr, seine Stimme sei ohnehin zu schwach.

In dieser Nacht schlief er ruhig und fest. Allerdings erschienen die Pfarrer bereits um vier erneut. Die Hinrichtung wäre wegen des Volksandranges auf fünf Uhr Morgens vorverlegt worden. Dazu wurden besondere Sicherheitsvorkehrungen getroffen. Die Gefängniswachen wurden verdreifacht. Tausendzweihundert Mann Infanterie umstellten das Schafott. Vierhundert Mann Kavallerie bildeten die Eskorte vom Gefängnis zum Richtplatz. In den Seitenstraßen war die Artillerie postiert. Dabei war der Platz nur achthundert Schritte entfernt. Der Zug kam langsam. An den Seiten der Chaise gingen zwei Zuchtmeister mit Trauerfloren. Dahinter kam ein Wagen mit Stadtbeamten. Glocken durften nicht geläutet werden. Es war der Tag vor Pfingsten. Sand war zu schwach, um aufrecht zu sitzen. Er lehnte im Arm des Oberzuchtmeisters. Er trug einen dunkelgrünen Rock und weiße Beinkleider mit Schnürstiefeln. Auf die Schultern der beiden Zuchtmeister gestützt, stieg er zum Richtplatz. Dort hob er seine Rechte wie zum Schwur empor und sagte leise. »Ich nehme Gott zum Zeugen, daß ich für Deutschlands Freiheit sterbe!«

Als er dann eine Schere im Nacken fühlte, bat er den Henkersknecht, ihm sein Haupthaar zu lassen. Der Nachrichter flüsterte, die wenigen Locken seien für seine Mutter. Bereits der erste Hieb war tödlich. Dieser Ort wurde später von den Burschenschaftern Sands Himmelfahrtswieschen getauft. Körper und Haupt wurden sofort in den bereitstehenden Sarg gelegt und dieser zugenagelt. Sein Grab wurde von einem Wachposten bewacht, bis man sicher war, dass der Leichnam verwest war.

Bereits zweieinhalb Monate nach Sands Hinrichtung, am 6. August 1819, hielten die Herrscher der deutschen Königreiche und Fürstentümer in Karlsbad eine geheime Konferenz ab. Für das Postkutschenzeitalter ein enormes Tempo. Schließlich war ein scharfer Kritiker der bürgerlichen Revolution durch einen Burschenschaftler ermordet worden. Die Herrscher sahen sich gezwungen, sofort zu handeln. Sie hatten Angst, bei einem derartigen Aufstand gestürzt zu werden, und wollten sich mit entsprechenden Gesetzen davor schützen.

Das Resultat waren die Karlsbader Beschlüsse. Darin wurden die Überwachung sowie die Verfolgung von revolutionären Bürgern und die Kontrolle aller Universitäten legalisiert und die Burschenschaften verboten. Vor allem jene Professoren, die als liberal galten, wurden sofort entlassen. Somit wurde der nationalen Bewegung eines Karl Sand der Boden entzogen. Außerdem wurde die Presse zensiert, so dass keine revolutionären Gedanken mehr veröffentlicht werden konnten.

Der Mord an Gerhard von Kügelgen

Der in Mittel-, Nord- und Osteuropa gefeierte Maler Gerhard von Kügelgen lebte in Dresden-Neustadt auf der prachtvollen Hauptstraße. Sein vierstöckiges Wohnhaus hinter dem Goldenen Reiter ist heute ein Museum. Es erzählt davon, dass er in so glücklichen Verhältnissen lebte wie keiner seiner Professorenkollegen an der Kunstakademie. Sein liebenswürdiger Charakter fand überall, bei Hofe, bei einflussreichen Persönlichkeiten und beim Publikum, Liebe und Anerkennung. Er wurde am 27. März 1820 auf der Bautzner Landstraße von Mordgrundbrücke in die Neustadt mit einer Axt erschlagen.

Einer, der für dieses erschütternde Ereignis die richtigen Worte fand, war Professor Karl August Böttiger, der an der Kunstakademie vor den versammelten Studenten und Lehrern im Auftrag des sächsischen Hofes die Leichenrede hielt. Er sagte als Einleitung: »Die Bekenner des Islam glauben, daß einst am Tage der Vergeltung und des Gerichts jede Statue, jedes Porträt von den Bildnern seine Seele fordern werde. Wäre dieser Glaube kein bloßer Wahn, von Dir, du Unvergeßlicher, würde kein Bild seine Seele fordern. Denn was auch die unerbittlichen, oft neidisch befangenen Richter darüber urteilen mochten, eins konnte nicht bestritten werden, du hauchtest deinen Bildern deine Seele, deine Anmut, deinen eigenen Geist der Liebe und Lieblichkeit ein. Darum maltest du, soweit es deiner Macht stand, und dabei nicht nach Lohn trachtend, am liebsten ausgezeichnete, geist- und gemütvolle Menschen unter deinen Zeitgenossen …«

Kügelgens Bildnisse von Caspar David Friedrich, Johann Wolfgang von Goethe, August von Kotzebue sollen sich durch großes zeichnerisches Können, feines Farbgespür und außergewöhnlich große Ähnlichkeit der Porträtierten auszeichnen. Ob man das von den Fürstenbildnissen auch sagen kann, muss offenbleiben. Darunter ragen heraus: Zar Paul I., Zar Alexander I., Zarin Elisabeth, Kurfürst Maximilian Franz von Österreich. Danach malte er interessanterweise Szenen aus der Vorzeit, Gesetzgeber und Religionsstifter.

Gerhard von Kügelgen und sein Zwillingsbruder wurden am 6. Februar 1772 in Bacharach am Rhein geboren. Sein Vater war Franz Anton Kügelgen, Hofkammerrat beim Erzbischof von Köln. Die Familie war recht wohlhabend und stark von ihrem katholischen Glauben geprägt. Gerhard Kügelgen besuchte zunächst die Rektoratsschule in Bacharach und anschließend 1786 das bedeutendere Jesuitengymnasium in Bonn. Dort bekam er die Empfehlung, sich als Maler ausbilden zu lassen, da sich Gerhards Talent besonders in Porträtmalerei zeigte. Die Liebe zur Kunst war ihm bereits in die Wiege gelegt worden. Doch der Vater verweigerte ihm, weitere Malereistudien in Bonn aufzunehmen, da bei den meisten Künstlern die Armut zu Hause war. Der Vater starb zwei Jahre später.

Noch in Bonn malte Gerhard seine ersten 21 Ölbilder, dann zog er zu seinem Großvater nach Rhens und begann 1789 eine Ausbildung beim Koblenzer Historienmaler Januarius Zick. 1790 ging er gemeinsam mit seinem Bruder nach Mainz, lernte dort bei einem Porträtmaler, der die Zwillinge ein halbes Jahr lang unterrichtete und ihnen empfahl, sich wegen einer finanziellen Zuwendung an ihren Landesvater zu wenden. So zogen die Brüder 1791 zurück nach Bonn, fertigten dort Porträts des Kölner Kurfürsten Maximilian Franz von Österreich, des Hofkammerpräsidenten Franz Wilhelm von Spiegel zum Diesenberg und des Grafen Ferdinand von Waldstein an und erhielten daraufhin ein Stipendium des Kölner Kurfürsten von jährlich zweihundert Dukaten, um in Rom ihre Ausbildung zu vervollkommnen. Ausgestattet mit ausreichend Reisegeld und kurfürstlichen Empfehlungsschreiben an Prälaten und Erzbischöfe, brachen sie am 4. Mai 1791 zu ihrer Romreise auf. Drei Jahre verbrachten sie dort mit dem Studium der sie tief beeindruckenden Renaissancemalerei, dann unterblieb wegen des Napoleonischen Kriegs die finanzielle Unterstützung aus Deutschland.

Während Karl in Rom zurückblieb, machte sich Gerhard 1795 über München nach Riga auf, wo er im September eintraf. Während der kommenden zweieinhalb Jahre malte er dort für zumeist bürgerliche Auftraggeber. Einer Einladung folgend, reiste er 1798 ins dreihundert Kilometer entfernte Tallinn, wo er über Kreismarschall Georg von Bock, den er aus Riga kannte, mit Helene Marie Zoege von Manteuffel bekannt gemacht wurde. Auf Wunsch ihres Vaters gab er ihr Zeichen- und Malunterricht, wobei Gerhard sich in seine Schülerin verliebte. Seinen baldigen Hochzeitsantrag lehnte sie zunächst ab, da er ein ziemlich mittelloser Maler und dazu ohne Adelstitel war. Sie machte ihm aber den Vorschlag, auf ihn zu warten, während er sich in St. Petersburg beruflich verbessern sollte.

Da zwischenzeitlich auch Gerhards Bruder Karl in Riga eingetroffen war, reisten die beiden Brüder im Winter 1798 gemeinsam nach St. Petersburg, wo Gerhard schon bald erste Aufträge für Porträts erhielt, etwa von Zar Paul I., dessen Bildnis er zweimal malte. Am 9. Oktober 1799 erhielt Gerhard Kügelgen, der seit seiner Abreise in Briefkontakt mit der Familie von Manteuffel stand, überraschend ein Schreiben von Helenes Vater, in dem dieser ihm die Bedingungen für eine Ehe mit seiner Tochter vortrug: Kügelgen solle sich adeln lassen, ein Kapital von zwanzigtausend Rubeln erwerben und alle Kinder evangelisch taufen lassen. Damit einverstanden, beantragte Gerhard sogleich den Adelsbrief, den er, da die Familie Kügelgen bereits bis zum Dreißigjährigen Krieg adlig gewesen war, erneut von Kaiser Franz II. erhielt. Das nötige Geld erwarb er in kurzer Zeit mit Porträts der Zarenfamilie und des hohen russischen Adels. So konnte bereits ein Jahr später, am 14. September 1800, die Hochzeit auf dem Landgut der Familie Manteuffel in Harm Estland stattfinden. Kügelgen zog nach Petropawlowsk. Er wurde zum Ehrenmitglied der kaiserlichen russischen Akademie der Künste ernannt. Ab 1804 zog es das Ehepaar mit dem kleinen Wilhelm des rauen Klimas wegen wieder nach Deutschland zurück zunächst in_seine rheinische Heimat. Von da aus machte er einen Abstecher nach Paris, ohne an der dortigen Kunstrichtung Gefallen zu finden. 1805 ließ sich Kügelgen in Dresden nieder, wurde 1811 Ehrenmitglied der königlichen Akademie der Künste und 1814 außerordentlicher Professor und Lehrer an derselben. Der Künstler widmete sich in Dresden zunächst ausschließlich seinem Lieblingsfach, der Historienmalerei. Vermögensverluste bedingt durch die napoleonischen Kriege und die Sorge um die Zukunft seiner Familie veranlassten ihn, wieder vermehrt Porträts zu malen. Er weilte zu letzterem Zwecke öfters in Berlin und Weimar. Besonders zu Goethe, der ihn später in Dresden besuchte, entwickelte sich eine Freundschaft mit intensiven Gesprächen über Kunst. Er wurde außerordentliches Mitglied der Königlich Preußischen Akademie der Künste zu Berlin. Während der nächsten Jahre vollzog sich Kügelgens Hinwendung zur Romantik und zu religiösen Themen. 1810 erzielte er in einer Kunstausstellung große Erfolge mit den Porträts von Goethe, Wieland, Herder und Schiller. Die beiden Letzteren malte er postum nach Vorlagen.

Das Leben Kügelgens war fortan nur seiner Kunst und seiner Familie zugewendet. Um größere Bilder zu schaffen, wie ein aus Riga bestelltes Altarbild, kaufte er einen Weinberg am Loschwitzer Elbhang wenige Schritte unterhalb der Mordgrundbrücke mit einem wunderschönen Blick auf das Altstädter Elbufer und den Wilisch im Hintergrund. Hier sollte auch ein bequemes Wohnhaus für die Familie entstehen. Dieser Bau beschäftigte ihn außerordentlich. Er schrieb dazu an seinen Bruder

Karl: »Das Häuschen soll uns ein Feenpalast werden, bis die Zeit, da wir durch ein noch kleineres, engeres Haus die Tür finden zu dem großen Haus des himmlischen Vaters, in dem viele Wohnungen sind und in dem sich wieder einmal die Familie zusammenfinden wird. Sollte es Gott gefallen, mich bald nach Hause zu rufen, so hat meine Lilla einen Witwensitz, von wo sie die Erziehung der Kinder leicht vollenden kann, da die Stadt nur eine Wegstunde entfernt liegt.«

Vielleicht ist das eine Vorahnung gewesen, dass, ehe er die Schwelle seines Feenpalastes betreten, in das kleine enge Haus Einzug halten sollte. Am Montag der Karwoche 1820 ging er zu seinem Weinberg hinaus, diesmal weniger der Neugierde wegen, als vielmehr um seine Bauarbeiter zu entlohnen, begleitet von seinem kleinen Hund. Nachdem dies erledigt war, ging er durch Heide auf die Neustadt zu, vorbei an Findlaters Weinberg und dem Linckeschen Bad. Es war ein mondheller Abend. Doch Kügelgen kam nie zu Hause an. Die Familie machte sich Sorgen. Der damals siebzehnjährige Wilhelm schreibt dazu: »Ich lief ihm entgegen bis auf den Weinberg. Hier schlief schon alles, und ich mußte den Winzer aus dem Bett holen. Von ihm erfuhr ich, daß mein Vater schon vor sieben Uhr den Rückweg angetreten habe. Spornstreichs lief ich zurück und klopfte die Wirtsleute auf Findlaters und dem Linkeschen Bade heraus. Aber niemand wollte ihn gesehen haben. Am anderen Morgen in der Frühe meldete ich den Fall auf der Polizei. Man gab mir Polizeidiener und Hunde mit. Wir verteilten uns zu beiden Seiten der Chaussee; die

Hunde revierten vor und zwischen uns. Auf halbem Wege zum Waldschlößchen stand plötzlich der mir zunächst laufende Hund. Ich sprang herzu – da lag mein Vater mit dem Gesicht auf der nackten Erde, erschlagen und entkleidet in einer Ackerfurche …«

Der *Dresdner Anzeiger*, der am 1. September 1730 als Intelligenzblatt gegründet wurde und die erste Dresdner Zeitung überhaupt war, meldete: »Der König von Sachsen schätzte den Künstler persönlich und hat auf die Entdeckung des Thäters Tausend Thaler aus seiner Schatulle ausgesetzt. Es ist seit kurzem hier der vierte Mord: ein Tischlergesell war am Thor ermordet gefunden, im Palaisgarten war auf eine Schildwache geschossen, und neben der Kreuzkirche ein Mann, wie bekannt, durch einen Piqueur verwundet. Keiner dieser Thäter ist entdeckt.«

Dresden, den 30. März: »Ein Maurergesell ist in Verdacht, den das Hündchen, das Kügelgen begleitete, bis nach Loschwitz hin bellend verfolgte. Dieser Gesell und ein Tagelöhner sind auch schon festgesetzt.«

Dresden, den 6. April: »Die Mörder des Professor Kügelgen sind entdeckt und eingezogen. Es sind ihrer drei, ein Steinmetzer namens Wendisch, ein Kanonier, der die Tochter dieses Wendisch heiraten wollte, und ein Maurer, namens Madner.«

Dresden, den 20. April: »Der Mörder des Professors von Kügelgen ist entdeckt. Es fand sich zugleich, daß er schon vor Weihnachten d. J. einen Tischlergesellen auf der Moritzstraße ermordet und beraubt hatte. Es ist ein mit Stadturlaub versehener Artillerist Namens

Fischer. Er ward am 3. Osterfeiertage von einem Israeliten Namens Hirschel angegeben, dem er die Uhr des Ermordeten, welche durch öffentlichen Anschlag genau angegeben war, verkauft hatte. Fischer ward sofort verhaftet.«

Dresden, den 4. Mai: »Hartnäckig hatte Fischer bisher die That geläugnet, als man ihm aber einen Prediger zuschickte, welcher ihm das Gewissen rege machen sollte, hat er den 18. dieses Monats zuerst den letzten Mord eingestanden, sodann auch den anderen Morgen darauf den Mord des Tischlergesellen.«

Der kirchliche Kriminalpsychologe scheint den Soldaten derart durcheinandergebracht zu haben, dass er bereits am folgenden Tag beide Geständnisse widerrief. »Er habe sich selbst bezichtigt, weil er doch ganz unschuldig in Verdacht gekommen sei, und deswegen habe gern sterben wollen.« Als ihm das Protokoll vorgelesen wurde, sagte er : »Nun kann ich gar nichts mehr sagen, mein Verstand steht mir stille!«

Fischer bekam deshalb den Rechtskonsulat Eisenstuck als Rechtsanwalt zugeteilt, der die unglücklichen Aussagen seines Klienten lediglich von der Behandlung herleitete. Eisenstuck erreichte durch seine scharfsinnige und besonders gründliche Vorstellung, dass Fischer aus der Amtsfron entlassen und in das Stockhaus verlegt wurde, wo er in eine schwere Krankheit verfiel.

Dresden, den 30. Mai: »Der Artillerist Fischer, der früher sich beider Mordthaten selbst schuldig erklärt hatte, scheint durchaus unschuldig und blos aus Beschränktheit seines Verstandes und Lebensüberdruß sich, bevor der wahre Mörder entdeckt und überführt war, zu beiden Thaten bekannt zu haben.«

Dresden, den 4. Juni: »Jetzt ist ein großer Kanonier Namens Kaltofen, gefangen, bei dem man des Tischlergesellen Stock, Kügelgens Stiefel, Kügelgens drei Schlüssel zum Weinberg und zur Studierstube gefunden. Nicht bloß hat auch dieser Kerl den Mord und den des Tischlergesellen eingestanden, sondern auch das Handbeil vorgezeigt, womit er die Wunden geschlagen, und jeder der zwei Mörder behauptet, die That allein und ohne Hülfe vollbracht zu haben, und von dem anderen nichts zu wissen. Das Wunderbarste ist aber folgendes. Der Kaltofen sagt: ich war's, der die Uhr verkaufte. Nun sind ihm die drei Juden vorgeführt worden, und haben erklärt: ja, dieser war's und kein Anderer, und demnach hatten sie beschworen, und fest sich eingebildet, es sei der Fischer gewesen, der keine Ähnlichkeit mit Backofen hat, und hatten ihn auf dem Neumarkt in Zivilkleidung erkannt und aufgegriffen, und in ihm den Gehülfen der zwei Mordthaten, da er doch die Uhr keineswegs verkauft. Es kann sein, daß er ihnen früher Sachen verkauft, wodurch sie ihn verwechselt haben.«

Der Mörder Kaltofen trat sehr sicher und selbstbewusst auf. Das Motiv für seine Morde blieb jedoch noch immer rätselhaft, wenn nicht für die Richter so doch für die Psychologen. Der Mörder war erst vierundzwanzig Jahre alt und hatte eine solide Schulbildung genossen, fünf Jahre treu und redlich in verschiedenen Regimentern gedient und während der zeit seine Pflichten als Soldat gut erfüllt. Die Sache schien für einen Richterspruch reif, man hatte nichts hinsichtlich eines Gehilfen bei den beiden Morden ermitteln können. Die Akten wurden folglich am 12. September zur Abfassung des Endurteils an den Schöppenstuhl in Leipzig eingesandt. Beigefügt wurde das Handbeil zur Einschätzung der Schlag- und Hiebwunden. Am 4. Februar 1821 erkannten die königlich-sächsischen Schöppen zu Leipzig zu Recht, dass Kaltofen mit der Strafe des Rades zu belegen sei. Kaltofen flehte durch seinen Verteidiger um die Gnade des Königs Friedrich August I. Dieser wandelte die Strafe in die des Schwertes.

Als ihn der Geistliche zu seinem letzten Gang abholte, übergab ihm Kaltofen ein Blatt mit einer Art Bekenntnis. »… ich nenne mit Hochachtung die Namen der würdigen Männer Teller und Lavater, welche ein Buch für schwere Verbrecher und zumal für einen Mörder herausgegeben haben, die den tiefsten Eindruck auf mein Herz gemacht haben. Wolle Gott, daß es mehrere und zumal Mitschuldige mit wahrer Andacht lesen. Dies wünscht ein mit Gott versöhnter und zu seinem Tode vorbereiteter Verbrecher.

Johann Gottfried Kaltofen. Dresden, 11. Juni 1821.«

Die Dresdner Judenschaft hatte den Beschluss gefasst, auf die Prämie des Königs zu verzichten. Jedoch Hirschel Mendel und Löbel Graf waren anderer Meinung. Sie prozessierten vor dem Amtsgericht, bis der Richter die tausend Taler teilte.

Und noch ein Kuriosum ist im Anschluss an die Hinrichtung zu beklagen. Kaltofens Hinrichtung machte auf die Zuschauer großen Eindruck. Der junge angenehme Mensch war wie ein großer Herr mit allem denkbaren Gepränge vom Leben zum Tode gebracht worden. Seiner Eitelkeit war auf alle Art geschmeichelt worden. Da ihn ein Geistlicher an der Hand hielt, war er fromm gestorben und gewissermaßen vom Richtblock durch eine leichte Todesart direkt in den Himmel gelangt, ein Vorzug für den Verbrecher. Während irgendein Unschuldiger langsam und qualvoll auf seinem Strohlager langsam und qualvoll dahinsiechte, von keinem besucht, der ihn erlöste.

Auf die Phantasie eines unglücklichen Weibes machte das einen derartigen Eindruck, dass sie wünschte, auch so gottselig zu sterben. Einen Monat nach Kaltofens Hinrichtung lud sie deshalb ein verlobtes Mädchen zu sich ein und bewirtete es ausgiebig. Als das Mädchen dann fest schlief, ermordete sie es im Schlaf. Danach reinigte sie die Leiche und ihre Mordwerkzeuge. Wenige Stunden danach begab sie sich zur Polizei und gab sich als Mörderin aus. Freimütig gab sie zu Protokoll, dass sie schon immer davon geträumt habe, als Mörderin zu sterben. Bei den Hinrichtungen 1804 und 1809 sei ihr der Gedanke erstmals gekommen. Nach Kaltofens herzerhebender Hinrichtung habe sie nicht mehr widerstehen können.

Rattengift zum Frühstück

Diese Kriminalgeschichte spielt in der kleinen Stadt Gassen etwa fünfunddreißig Kilometer östlich der Neiße in der Niederlausitz. Bis 1815 war dieser Teil der Lausitz Sachsen gewesen, danach preußisch und seit 1946 polnisch. Man schrieb zur Tatzeit das Jahr 1869.

Johanne Kruschwitz machte sich Sorgen. Sie hatte in letzter Zeit viel abgenommen, ihre Gesichtsfarbe wurde immer gelblich blasser. Auch die Nachbarinnen waren ziemlich beunruhigt. Man konnte ja nicht wissen, wann das Leben zu Ende war. Witwe Kruschwitz beschloss, zum Pfarrer zu gehen und diesen um Rat zu fragen. Sie schleppte schon seit sechsundzwanzig Jahren ein schlimmes Geheimnis mit sich herum. Möglich, dass die Himmelspforte für sie deswegen verschlossen bleiben würde.

Tags darauf, am 9. Februar 1869, war die entschlossene Witwe auf dem Weg in die drei Stunden entfernte Kreisstadt Sorau. Bereits um neun Uhr war sie im Schloss und ließ sich beim Staatsanwalt melden. Sie habe da eine wichtige Anzeige. Dort wurden zunächst ihre Personalien aufgenommen. Johanne Juliane Skerl, geboren am 29. Oktober 1814 in Großteuplitz, evangelischen Glaubens, abgemagert, an körperlicher Schwäche leidend. 1831 hatte sie den Schuhmachermeister Johann Traugott Kunze aus Seifersdorf geheiratet, gegen ihren Willen und nur auf Zureden der Eltern, wie sie betonte.Als Tatbestand gab sie mit ruhiger fester Stimme Folgendes an. Sie sei nach Schöneich gezogen, wo ihr Mann die dortige Dorfschenke pachtete. Die Ehe unglücklich gewesen. Ihr Mann trank sehr oft. Infolgedessen sei das Geld knapp geworden. Sie blickte auf den Amtsschreiber. Der nickte, sie könne fortfahren. Sowohl im trunkenen als auch im nüchternen Zustand habe ihr Mann sie oft blutig geschlagen. In seiner Besoffenheit wäre er besonders roh gewesen. Als sie mit dem jüngsten Kinde schwanger ging – das sei im Sommer vor vierundzwanzig Jahren gewesen – sei in der Schenke zu Schöneich Tanzmusik gewesen.

»Mein Mann hatte sich wie immer stark betrunken. Von dort sind sie dann nach Gurkau in die Schenke gegangen und gegen morgen vollständig besoffen zurückgekommen. Bereits bei seinem Weggang dachte ich, es würde mir besonders schlimm ergehen, wenn er zurückkäme. Ich fühlte mich meines Lebens nicht mehr sicher. Deshalb kam ich auf den Gedanken, dass ich ihm bei seiner Heimkehr von dem Rattengift geben wollte, um ihn auf diese Weise los zu werden.« Als er nach Hause kam, wollte er als Erstes etwas zu essen. Sie habe ihm Brot und Gallerte hingestellt mit einem Löffel, denn er sei wegen seines trunkenen Zustandes nicht mehr imstande gewesen, allein zu essen. Dann habe sie zwei halbe Brotscheiben genommen und jede aus einem Näpfchen mit Rattengift bestrichen, das zur Vertilgung des Ungeziefers im Hause war. Auf jede Scheibe habe sie ein Stück Gift von der Größe meines halben Fingergliedes gestrichen. Er habe beide Scheiben gegessen. Danach schlief er zuerst; in der Nacht dann klagte er sehr über Leibschmerzen und musste erbrechen. Am Abend sei er gestorben. »Dieses Verbrechen lastet sehr schwer auf meinem Gewissen. Vor acht Tagen ging ich zum Prediger Großmann in Gassen beichten, und dieser sagte mir, ich solle sofort Ihnen davon Anzeige machen.«

Der Staatsanwalt wunderte sich nur, dass sich ihr Gewissen erst nach so vielen Jahren meldete. Ihm fiel sofort der Fall der Geheimrätin Ursinus 1803 aus Berlin ein, die mit solchem Erbschaftspulver ihren Ehemann, die reiche Erbtante und den untreuen Geliebten aus dem Weg geräumt hatte. Vielleicht konnte ihn dieser Fall von Arsenik aus der Provinz herausholen. »Woher hatten Sie das Gift?«

»Das Gift hatte ich von einer inzwischen verstorbenen alten Frau, die zu Schöneich wohnte, behufs Vertilgung des Ungeziefers gekauft.«

»In die Arrestanstalt abführen!« Er ordnete noch eine zweite Vernehmung an. Sie wiederholte genau diese Aussage nahezu wörtlich, als sei sie einstudiert.

Nun prüfte die Kriminaljustiz noch einmal alle Aussagen. Dabei stellten viele Fehler heraus. Die mörderische Witwe hatte ihren Mann nicht morgens sondern erst zu Mittag ermordet. Nachbarn und bekannte sagten übereinstimmend, Kuntze trank nicht, und wenn dann nur wenig. Die Geschichte wurde immer mysteriöser.

Laut Kirchenbuch der Dörfer Brestau, Schöneich und Pitschkau war der Schankwirt und Schuhmachermeister Johann Traugott Kuntze am 10. Oktober 1843 im Alter von achtunddreißig Jahren elf Monaten und zehn

Tagen gestorben. Als Todesursache stand im Kirchenbuch: »Starb schnell an den Folgen der Trunksucht.«

Der Untersuchungsrichter entschied den verstorbenen Kuntze zu exhumieren unter Hinzuziehung des Kreisphysikus, des Kreiswundarztes, der Dorfgerichtspersonen und des Predigers. Da einige Holzgrabkreuze fehlten, gab es Probleme, das richtige Grab zu finden. Mit dem Totenbuch von 1843 ermittelte man schließlich das gesuchte Grab. »Die Schwester Kuntzes, hielt das Grab, an dessen Kopfende der verwitterte Holzpflock sich befunden haben könnte, für das ihres verstorbenen Bruders, und auch die Angeklagte pflichtete dieser Ansicht bei.« Es wurden von dem Skelett nur ein Scheitelbein und fünf Wirbel der Rückenwirbelsäule entnommen und in verschiedene Gefäße für die chemische Untersuchung getan. Die versiegelten Gläser wurden den Chemikern Dr. Sonnenschein und Dr. Zinrek übergeben und nach Berlin in die Friedrich-Wilhelms-Universität geschafft. Ob jemand bei dem Ableben des Kuntze zugegen gewesen wäre, wollte der Untersuchungsrichter wissen. »Über Befund in der Kuntze'schen Wohnstube gab die Witwe Schmidt an: Die Leiche lag auf dem Rücken im Bett, das Deckbett zu den Füßen, der Mund war fest geschlossen, die Knie waren krampfhaft bis an das Kinn in die Höhe gezogen, beide Arme lagen fest am Körper in der Biegung nach oben, die Hände waren geballt.

Auch die Ehefrau Hanko bestätigte, daß die Knie der Leiche nach dem Bauche zu in die Höhe gezogen waren. vermochte aber sonst über die Lage der Leiche nichts Näheres anzugeben.

Von den Chemikern fand der Dr. Zinrek in den ihm zur Untersuchung übermittelten Gegenständen weder Arsenik noch ein anderes Gift, dagegen ermittelte er in den Knochen und Holztheilen eine ungewöhnliche Menge Phosphorsäure und gab sein Gutachten dahin ab: er könne zwar nicht mit Bestimmtheit angeben, daß der Mensch, dem die untersuchten Knochen angehört hätten, mit Phosphor vergiftet worden sei, halte dies aber für höchst wahrscheinlich.

Dr. Sonnenschein dagegen fand in den Knochen, allerdings nicht in den Erd- und Holztheilen Arsenik. Er sprach seine Ansicht dahin aus, daß aus der in den Knochen vorgefundenen Phosphorsäure ein Schluß auf eine Vergiftung durch Phosphor nicht gezogen werden könne, weil die bei der Verwesung organischer Substanzen sich bildenden Säuren auch die Knochen in ihrer Zusammensetzung wesentlich alteriren und größere Mengen von Phosphorsäure in denselben zu bilden ganz geeignet seien.

Bei der Verschiedenheit des Befundes und des Gutachtens der Sachverständigen wurde ein Obmann in der Person des Professor Dr. Schneider zu Berlin zur nochmaligen Untersuchung der corpora delicti herangezogen. Die durch die frühern Untersuchungen nicht absorbirten Reste, die ihm übergeben wurden, waren indeß sehr geringfügig und betrugen bei den verschiedenen Untersuchungsobjecten nur wenige Gramme. In diesen fand der Obmann keine Spur von Arsenik. Er bemerkte jedoch, daß die von ihm untersuchte Knochenmasse der Hauptsache nach in zwei Stücken bestanden hätte, die er nach Gestalt und Dicke als Fragmente des Schädels anzusehen sehr triftigen Grund gehabt habe, und daß, falls Kuntze wirklich infolge des Genusses und bald nach dem Genusse von arseniger Säure gestorben sei, bei der fortschreitenden Zersetzung der Leiche im Grabe zwar den dem Magen und dem Darme zunächstliegenden Knochen, etwa denen der Rückenwirbelsäule und des Beckens, arsenikhaltende Substanz habe zugeführt werden können, daß aber andere, ferner gelegene Knochen, wie die des Kopfes, schwerlich Gelegenheit gehabt haben würden, Arsenik aufzunehmen. Die von Dr. Sonnenschein untersuchten Knochen haben aber zum Theil gerade in Bruchstücken der Wirbelsäule bestanden.« So die Schilderung des Kriminalfalls bei Willibald Alexis.

»Das zur Abgabe eines Gutachtens aufgeforderte Medicinalcollegium der Provinz sprach sich dahin aus: die Leichenreste seien erst, nachdem sie ungefähr 24 Jahre in der Erde gelegen hätten, ausgegraben worden. Der Magen und der obere Theil des Darmkanals, also gerade die Organe, in welchen das Gift ursprünglich aufzusuchen gewesen wären, seien durch die Verwesung bereits längst spurlos aufgezehrt und damit das Ergebnis der chemischen Untersuchung der Leichenüberreste schon von vornherein als ein sehr unsicheres anzusehen. Der Nachweis einer Phosphorvergiftung sei unter diesen Umständen unmöglich.

Wenn man mit diesen Erscheinungen die Krankheitssymptome, welche der bis dahin gesunde Kuntze vor seinem unerwartet schnell eingetretenen Tode gezeigt habe, vergleiche, so seien dieselben allerdings ganz geeignet, den Verdacht der Vergiftung des Kuntze zu unterstützen. Die Beobachtungen, welche von der Angeklagten und den Zeugen an Kuntze von dem Genusse des Rattengiftes an bis zu seinem Tode und dann an dem Leichnam desselben gemacht worden seien, sprächen für ein bei ihm vorhanden gewesenes entzündliches Magenleiden.

Der Gerichtsmann Schittke, mit welchem Kuntze am Morgen des 9. October von Gurkau nach Schöneich zurückgegangen war, hatte in der Voruntersuchung schon bekundet, daß Kuntze auf dem Rückwege einmal über Leibschmerzen geklagt und die Hosen abgezogen habe, um ein Bedürfniß zu verrichten, daß Kuntze aber alsbald ihn wieder eingeholt habe und daß sie ohne weitere Unterbrechung zusammen nach Schöneich gegangen seien.

Mit Rücksicht auf diesen Umstand hatte das Medicinalcollegium sich dahin ausgesprochen: es sei möglich, daß diese Leibschmerzen der Anfang eines durch Erkältung und übermäßigen Genuß spirituöser Getränke herbeigeführten entzündlichen Darmleidens gewesen und daß dieses Leiden durch das spätere unzweckmäßige Verhalten des Kuntze, sowie durch seinen Besuch der Schenke zu Brestau und den fernern Genuß von berauschenden Getränken und scharfen reizenden Speisen so gesteigert worden sei, daß es am Abend des folgenden Tages einen tödlichen Ausgang genommen habe.« Dazu kam, dass Gerichtsmann Schittke in der Hauptverhandlung ausgesagt hatte, Kuntze sei bei der

Rückkehr von Gurkau weder betrunken noch angetrunken gewesen. Überhaupt sei Kuntze kein Trinker gewesen.

In der Hauptverhandlung wollte der Staatsanwalt schließlich noch wissen, was denn Jesus eigentlich damit zu tun habe. Johanne Kruschwitz sagte dazu ohne entsprechende Gemütsbewegung, »ohne Thränen, oft mit einfältigem Lächeln und einer gewissen abschweifenden Geschwätzigkeit: ›Ich werde meine Ruhe in dem Herrn Jesus finden, der für alle gestorben ist, Gott wird mir Verbrechen vergeben.‹

Mit besonderer Vorliebe und Betonung komme sie immer darauf zurück, daß die frommen Bücher und die schönen Predigten des Pastors Großmann sie zur bessern Erkenntniß und religiösen Erweckung geführt hätten.

Erkundigungen bei ihrer Mitgefangenen, der verehelichten Tuchmacher Völz, mit der sie dieselbe Zelle bewohne, hätten ergeben, dass die Angeklagte sich mit Federreißen beschäftige, bei dieser Beschäftigung oft aufspringe, über Angst und Andrang des Blutes nach dem Kopfe klage, auf die Knie falle und bete, des Nachts öfter ihr Lager verlasse und ebenfalls knie und bete, ihr Verbrechen mit allerlei religiösen Expectorationen erörtere und dadurch auch bei ihrer Gefährtin die Meinung hervorgerufen habe, dass sie wohl in ihrem Kopfe nicht richtig sei.«

Dr. Karuth als der Vertreter des Medicinalcollegium schrieb dazu: »Bei der physikalischen Untersuchung dieses Organs habe er eine Erweiterung des linken Herzventrikels und eine Unzulänglichkeit der Klappen desselben entdeckt. Es sei erfahrungsmäßig nicht zu bezweifeln, dass organische Herzleiden durch die Störungen der Blutcirculation von Gefühlen der Angst und Beklommenheit begleitet würden und eine häufige Ursache von Gemüths- und Geistesstörungen bildeten; demnach erscheine es mehr als wahrscheinlich, dass sie seit vielen Jahren am Herzen und an Angstgefühlen leide und daß letztere sich bis zum Trübsinn gesteigert hätten. Es sei ferner der Erfahrung entsprechend, daß zu solchen Gemüthsalienationen falsche deprimirende Vorstellungen über Irreligiosität und Sündhaftigkeit sich gesellten und die Leidende nöthigten, in Gebetbüchern und der Bibel viel zu lesen, begangene Fehler und Sünden zu vergrößern, oder die ungeheuerlichsten Verbrechen sich einzubilden. Es gewinne daher einen hohen Grad von Wahrscheinlichkeit, daß die Angeklagte infolge dieses langsam und chronisch verlaufenden Herzleidens in deprimirende und ängstliche Gemüthsstimmung, über welche sie noch fortwährend klage und die sie von der Arbeit aufzuspringen nöthige, verfallen und auf einmal fromm geworden sei, mehr, als sie sonst gethan, religiöse Schriften gelesen und den Gottesdienst besucht, sich für eine große Sünderin gehalten, deshalb sich von andern die Kirche Besuchenden durch Alleinsetzen isolirt, zuletzt nach Beendigung des Gottesdienstes die Kirche verlassen, nach längern Besprechungen mit dem Geistlichen nach Gewohnheit melancholischer Irren begehrt und demselben am Ende ein Verbrechen eingestanden habe, welches möglicherweise gar nicht von ihr begangen worden sei.«

Der Staatsanwalt erinnerte die Geschworenen in der Verhandlung daran, dass es noch gar nicht so lange her sei, dass Lebensmüde Morde begingen, weil sie glaubten, der Gang zum Schafott lösche ihre Sünden aus und mache den Weg ins Himmelreich frei. Anschließend beantragte er ohne Übergang, die Angeklagte schuldig zu sprechen. Der Verteidiger erinnerte hingegen mit eindringlichen Worten daran, dass eine Vergiftung nicht nachgewiesen worden sei und dass die Angeklagte jedenfalls nicht völlig zurechnungsfähig sei.

»Nach geschlossener Hauptverhandlung wurden den Geschworenen folgende Fragen vorgelegt: ›Ist die Angeklagte schuldig: im October 1843 zu Schöneich ihren ersten Ehemann, den Schuhmachermeister und Pachtschankwirth Johann Traugott Kuntze, vorsätzlich getötet zu haben und zwar mit Überlegung? Im Falle der Bejahung der ersten Frage: Hat die Angeklagte zur Zeit der Tath ohne Zurechnungsfährigkeit gehanelt?

Der Ausspruch der Geschworenen lautete: Zu Frage 1: ›Nein, die Angeklagte ist nicht schuldig.‹«

Als damit die Angeklagte vom Gattenmord kostenfrei freigesprochen wurde, begann sie bitterlich zu weinen. Sie weinte, weil sie freigesprochen worden war und ihr das Himmelreich möglicherweise verschlossen blieb.

»Achtung, Tinius kommt!«

Bücher wirft man ja nicht gern weg. Deshalb werden die meisten Leser irgendwann zu Büchersammlern und freuen gern ab und zu über die ordentlich aufgereihten Buchrücken der eigenen kleinen Bibliothek. Doch die Liebe zu Büchern kann Ausmaße annehmen, die direkt gefährlich werden. Um 1810 ging im Leipziger Raum ein Hammermörder um, der angeblich aus Büchergier tötete. Man erschreckte damals nicht nur Kinder mit dem Ausruf: »Achtung, Tinius kommt!«

Die Thüringer Universitäts- und Landesbibliothek (ThULB) zeigte zu diesem Fall bis Febraur 2012 eine Ausstellung. »Johann Georg Tinius (1764–1846) hatte sich Anfang des 19. Jahrhunderts eine der in dieser Zeit größten Privatbibliotheken Deutschlands zusammengekauft. An sich nichts Verdächtiges – allerdings war Tinius ein einfacher Dorfpfarrer. Trotzdem erwarb er etwa 40 000 Bände. Er konnte am Geruch eines Buches sogar die Druckerei erkennen. Die mehr als 15 000 Taler, die er dafür ausgab, hatte er sich vor allem auf kriminelle Art und Weise zusammengerafft. Neben Raub und Postkutschenüberfällen soll er auch vor zwei Morden nicht zurückgeschreckt sein. Auch wenn ihm Letzteres nie hundertprozentig nachgewiesen werden konnte, verbrachte der Bücherbesessene mehr als 20 Jahre hinter Gittern. Seine Sammlung wurde daraufhin versteigert. Diese Möglichkeit ließ sich ein prominenter Zeitgenosse Tinius' nicht entgehen – Johann

Wolfgang von Goethe. Der Geheimrat kaufte aus der Sammlung mehrere Bände für die Akademische Bibliothek Jena, die noch heute im Bestand der ThULB sind. Einige von ihnen wurden in der Ausstellung gezeigt. Es handelt sich dabei vorwiegend um Werke zur Kirchengeschichte. Der Besucher erfährt viele Details aus dem Leben des Bibliomanen Tinius und um die Legende des vermeintlichen ›Büchermörders‹. Der Konjunktiv deutet an, daß längst nicht alle Autoren von der Schuld des Mörders überzeugt sind.« Vielleicht hat man in der Überfülle der zusammengetragenen Kriminaldetails etwas übersehen oder gar falsch gedeutet, denn Tinius war Einserstudent, Magister und Pfarrer. Er soll ein Mörder gewesen sein? Undenkbar!

Im Gefängnis schrieb Johann Georg Tinius seine Autobiographie, die noch im Jahr 1813 erschien. Seine Schilderungen zielten ausschließlich darauf ab, von den Kriminalrichtern als äußerst gottesfürchtiger, ehrbarer Mensch wahrgenommen zu werden, der sein Leben vollkommen der Religion, dem Lernen sowie dem Lehren gewidmet hatte. Fazit sollte sein: Dieser Mann ist fast zu gut für diese Welt, viel zu gläubig und ehrlich. Und doch erzählt er einiges mehr als beabsichtigt. Denn Menschen mit selbstischen Störungen sind oft nicht fähig, sich mit anderen zu identifizieren, sich in sie hineinzuversetzen oder ihre Gefühle und Bedürfnisse wirklich wahrzunehmen und gar anzuerkennen. Menschen, denen so ein Einfühlungsvermögen fehlt, können ohne jegliche Gewissensbisse zur Durchsetzung der eigenen Absichten andere quälen und töten. Zu so einem Menschen dürfte sich Tinius unter dem Zwang der oft widrigen Umstände entwickelt haben. Die Grundlage für seine Entwicklung dürfte sein Großvater mütterlicherseits gelegt haben, indem er beschloss, aus dem Knaben einen Pfarrer zu machen. Viele Stunden verbrachten die beiden mit Kräuter- und Wurzelnsammeln.

Tinius schreibt in seiner Autobiographie: »Eine Stunde von meinem Geburtsort im Sächsischen lag die preußische Amtsschäferei Teuro bei Buchholz, wo der Vater meiner Mutter Schäfereiverweser gewesen war. Mit seinem hohen Alter von 98 Jahren war er der würdigste Greis, den ich je gekannt habe. Im Jahre 1798 ist er gestorben. Wie Simon hat er mich eingesegnet. Seine Worte sind mir unvergeßlich, da sie meinem Geist in der Folge eine eigene Richtung gegeben haben. ›Du mein Sohn‹ – hier faßte er meine Hand – ›du hast einen schweren Stand gewählt und willst ein Hirt der Herde Jesu werden! Lebe wohl und denke stets an mich!‹

Er wollte mich von Kindheit auf fromm erziehen, daß ich bald beten und lesen lernen sollte. Allein das Gesinde im Hause und seine großen Söhne verdarben dem alten Mann seine Freude. Sie bliesen außen mit Waldhörnern, wenn ich in der Stube anfing zu beten. Nun wurde ich beim Vorsagen der Gebete so furchtsam, daß ich anfing zu zittern und nicht mehr nachbetete. Großvater war ein sanfter Mann. Er ließ meinem Vater melden, er möge mich nach Hause holen. Bei meiner Ankunft nahm mich Mutter gleich beiseite und sagte mir ein Gebet vor. Als ich nicht nachsprechen wollte, hieb sie so lange mit der Rute auf mich ein, bis ich mitbetete. Bereits innerhalb von vier Wochen lernte ich alle Gebete und die Buchstaben der Fibel. Im folgenden Winter las ich die ganze Bibel durch. Unser Lesemagazin bestand aus einer Bibel, einer Postille, Luthers Katechismus und Arnds wahrem Christentum, sowie 2 Gesangsbücher waren vom Vater erlaubt. So haben alle Kinder der Familie schon in frühen Jahren die komplette Bibel gelesen und können sie in Teilen sogar auswendig.« Auch ansonsten legt der Vater viel Wert auf eine christliche Erziehung. »Nach dem Aufstehen war ordentliche Musterung: Waschen, Haarkämmen, und eine halbe Betstunde vor dem Tische, nebst Morgengesang. Dann erst kam es zum Frühstücken. Dasselbe geschah auch Abends vor dem Schlafengehen. Die Tischgebete waren etwas lang und feierlich in Verbindung mit Knechten und Mägden.«

Als Tinius dann dreizehn Jahre alt wurde, zog die Familie zurück in seinen Geburtsort Staako. Hier sollte er konfirmiert und damit in die Kirche eingeführt werden. Der zuständige Pastor Starke hatte zunächst Bedenken, denn die übrigen Konfirmanten wurden bereits seit vier Wochen im Unterricht auf das Ereignis vorbereitet. Diese Vorbereitung bestand fast ausschließlich im Auswendiglernen eines Katechismus. Tinius antwortete, was die anderen bis jetzt gelernt hätten, würde er noch am selben Nachmittag komplett nachholen. Und zum maßlosen Erstaunen des Magisters Starke konnte er am Abend tatsächlich alle bis jetzt behandelten Seiten des

Katechismus auswendig aufsagen – obwohl dieser nicht zum im Elternhaus vorhandenen Lesematerial gehörte. Starke entschied, der Junge müsse Pfarrer werden, wie es bereits sein Großvater beschlossen hatte. »Allein Herr Magister Starke ließ nicht nach, und versicherte meinen Eltern, es solle ihnen mein Studieren keinen Heller kosten; es studierten ja viele Arme. Nun überließen es meine Eltern mir, und ich glaubte meinem neuen Führer.« Verständlich, dass Johann Georg die Überzeugung des Pastors Starke nur zu gerne teilen möchte: Er war von der Vorsehung zu etwas Besonderem berufen, er soll studieren.

Die folgenden beiden Jahre lebte Tinius bei Starke, lernte bei ihm »ein wenig Schreiben, und von der lateinischen Sprache die Anfangsgründe« – nicht viel also für volle zwei Jahre. Doch der Pastor war von den Fähigkeiten des Jungen überzeugt und brachte ihn 1779 nach Luckau auf die gleiche Schule, die auch sein einziger Sohn Adolph besuchte. Der Magister zahlte für Tinius Kost und Logis, als Dank sollte er in Adolph Starke »die Kohlen seines feurigen Eifers im Lernen anzünden«. Seit jener Zeit tauchen weder die Geschwister noch die Eltern in der Erzählung jemals wieder auf. Tinius hatte die Schäferei hinter sich gelassen. Nur das Sammeln von Kräutern hatte er beibehalten.

Dies schien zunächst auch funktioniert zu haben, doch dann verließ Magister Starke Luckau, um seine Studien an einer größeren, bedeutenderen Schule in Cottbus fortzusetzen. Ab jetzt war es Vater Starke nicht mehr möglich, von seinem geringen Einkommen als

Pastor auch noch die Ausbildung des jungen Tinius zu bezahlen. Dieser fand neue Gönner und Förderer, die ihn mit freier Logis oder kostenlosem Essen unterstützten. Das Wenige, das er sonst noch zum Leben brauchte – überwiegend Kleidung sowie sie notwendigen Schulbücher – verdiente Tinius sich mit verschiedenen Arbeiten als Hilfslehrer hinzu. Dank der Bürger konnte er seine Schulausbildung in Luckau nach neun Jahren erfolgreich abschließen und anschließend 1789 ein Studium in Wittenberg beginnen. Der Rektor der Universität, Prof. Reinhardt, bescheinigte ihm: »So lebte er auf dieser Hochschule, daß er mir vor allem lieb und wert wurde.«

Nach zwei Jahren Studium wird Tinius von seinem Arzt zur Erholung aufs Land geschickt.

Er nimmt ein Angebot aus Casel südwestlich von Cottbus als Hauslehrer an. Der Gutsherr verlangt, dass er sich Magister nennt. Tinius sieht in der Lüge kein Problem. Dort bereitete er sich auf seine Magisterprüfung vor. Da es im Spreewald dafür keine Bücher gab, wird angenommen, dass er die dazu nötigen Werke von Luther und Melanchthon aus der Universitätsbibliothek gestohlen hatte, womit er symbolisch den Grundstock zu einer der größten Privatbibliotheken des Landes gelegt haben dürfte.

1793 wandert er nach Dresden. Rektor Prof. Reinhardt war als Oberhofprediger in die Landeshauptstadt berufen worden. Dort legte er in der Sophienkirche seine Prüfung mit Note eins ab. Reinhardt vermittelt ihn als Lehrer an das Gymnasium in Schleusingen.

Bald darauf wurde Tinius Pfarrer in Suhl und heiratete die Tochter seines Gönners aus Luckau, die allerdings bei der Geburt ihrer Tochter starb. 1809 erhielt er die einträgliche Pfarre zu Poserna bei Weißenfels. Überall erwarb er sich durch Pflichttreue, Eifer, Geschick und Wandel das beste Lob. Allerdings trieben ihn sein Geltungsbedürfnis sowie sein grandioses Gefühl der eigenen Wichtigkeit dazu, Mitmenschen als »Erfüllungsgehilfen« für ihre eigenen Bedürfnisse zu benutzen. Sein unersättlicher Wissensdurst zwang ihn zur Anlegung und unausgesetzten Vergrößerung einer theologischen und linguistischen Bibliothek, die seine Leidenschaft und sein Verderben wurde. Bald reichten seine Berufseinnahmen, das Vermögen seiner verstorbenen ersten Frau und die Zinsen des Vermögens der zweiten nicht mehr aus zur Befriedigung seiner Sammelgier. Er geriet auf den Weg des Verbrechens. Zuerst unterschlug Tinius Kirchengelder, was ihm dann schließlich zwei Jahre Zuchthaus zusätzlich einbrachte.

Im Hochsommer 1811 war ein Viehhändler aus Querfurt mit dem Postpersonenwagen auf dem Weg nach Leipzig. Der starke, stattliche Mann trug eine gut gefüllte Geldtasche umgeschnallt. In Weißenfels, also schon kurz vor Leipzig, stieg noch ein einzelner weiterer Passagier zu. Der redselige Viehhändler versuchte sofort, eine Unterhaltung in Gang zu bringen. Aber der Fremde – der Kleidung nach vielleicht ein Beamter oder Lehrer – reagierte freundlich, jedoch äußerst wortkarg. Während also der Viehhändler redete, holte der neue

Passagier seine silberne Schnupftabakdose heraus, schnupfte eine Prise, drehte die Dose verstohlen um – als müsse er noch kurz überlegen, ob dies jetzt wirklich eine gute Idee sei – und bot dem Viehhändler eine Prise an. Der kontaktfreudige Mann nahm dankend an. Bald darauf wurde er merklich stiller, klagte über einen dumpfen Kopfschmerz sowie Schläfrigkeit. Der Fremde mit der silbernen Dose erwiderte, dies läge bestimmt an der Sommerwärme, eine zweite Prise Schnupftabak würde seine Lebensgeister schon wieder erfrischen. Der Viehhändler schien zwar nicht wirklich überzeugt, aber um des lieben Friedens willen ließ er sich diese zweite Prise schließlich aufdrängen. Wenige Minuten danach fiel er schnarchend in tiefen Schlaf. An der nächsten Station stieg der Fremde mit der Schnupftabakdose aus und verabschiedete sich von dem Postillion. Der Viehhändler wachte erst an der Endstation Leipzig wieder auf. Entsetzt stellte er fest, dass seine Geldtasche verschwunden war.

Die Polizei konnte den Täter nicht ermitteln, ebenso wenig wie bei vier ähnlichen Taten in Weißenfels und Umgebung im gleichen Jahr. Die Beschreibungen des Täters wichen zu stark voneinander ab, mal war er schwarzhaarig, mal rot oder grau, trug einen Vollbart, einen Schnautzer oder gar keinen Bart, war von der Kleidung her eher Förster oder Bauer. Aber immer hatte er eine silberne Schnupftabakdose bei sich, und immer schlief das Opfer ein, kurz nachdem es von dem angebotenen Schnupftabak genommen hatte.

Leipzig, Ende Januar 1812. Kaufmann Schmidt, achtzig Jahre alt, war am helllichten Vormittag in seiner Wohnung auf der Grimmaischen Straße niederschlagen worden. Vom Täter gab es keine Spur. Als Schmidt wieder auf seinen Beinen stand, stellte er fest, dass aus seinem Schreibtisch elf Obligationen mit einem Wert von dreitausend Talern fehlten. Er ließ sich von seinem Hausmann verbinden und sich von seiner Frau zum Bank- und Handelshaus Frege & Co führen. Er erfuhr dort, dass das Geld bereits ausgezahlt sei. Der Täter habe die Summe in aller Ruhe überzählt und sich Münzsorten, die ihm nicht zusagten, in aller Ruhe zurückgeschoben und umgetauscht in preußische, sächsische, braunschweiger und französische Louisdors sowie Silbermünzen. Das einzige, woran sich der völlig verwirrte Kaufmann erinnerte war, dass der Fremde seine silberne Schnupftabakdose hervorgesucht hatte. Schmidt hatte eine Prise genommen und war kurz darauf ohnmächtig geworden. Das Opfer war zu krank und geistig verwirrt, um bei der Aufklärung des Verbrechens helfen zu können. Er starb am 6. April an seinen Schädelwunden. Die Obduktion ergab, dass ihm die Verletzungen durch einen spitzen Gegenstand, wahrscheinlich eine Art Spitzhammer, zugefügt worden waren.

Die Angestellten der Bank konnten den Kunden ziemlich präzise beschreiben, da er sich beim Nachzählen der Münzen reichlich Zeit gelassen hat. Er habe wie ein »modern gekleideter Landgeistlicher« gewirkt. Dennoch verging ein Jahr, ohne dass die Polizei einen Schritt weitergekommen wäre.

Leipzig, Neumarkt, am Morgen des 8. Februar 1813. Die Dienstmagd Hanna war unterwegs gewesen, um einige Besorgungen zu erledigen. Bei ihrer Rückkehr ins Haus fand sie die schwerverletzte Witwe Kunhardt vor. Die alte Dame blutete stark aus einer Wunde am Kopf. Bevor sie das Bewusstsein verlor, erzählte sie Hanna noch, ein fremder Kerl mit einem Brief habe sie so blutig geschlagen. Fast wundere sie sich, dass er ihr nicht auch noch die Kette vom Hals gerissen habe. Die Schläge gegen Frau Kunhardts Kopf waren so heftig, dass sie ihren Schädel mehrfach zertrümmerten. Alle Versuche der Ärzte, sie zu retten, einschließlich einer Operation am offenen Schädel, waren vergebens. Die alte Witwe starb zwei Tage nach dem Überfall im Krankenhaus. Die Polizei fand neben Blutspuren im Eingangsbereich der Wohnung auch Wischspuren an der hellen Tapete, als sei jemand an der Wand entlang geschrammt. Der von der Witwe erwähnte Brief liegt auf dem Fußboden, es ist die Bitte um ein Darlehen in Höhe von tausend Talern, unterzeichnet von einem Johann Gottfried Bröse aus Hohendorf.

Die Befragung der übrigen Hausbewohner ergab, dass die Nachbarin, Frau Dr. Kunitz, etwa fünf Minuten, bevor Hanna um Hilfe zu rufen begann, einen Mann gesehen hatte, der aus dem Haustor hinaus auf die Straße trat. Er trug einen dunklen Matin und eine schwarze Mütze. Der Mantel hatte einige helle Flecken, die er abzuklopfen versuchte. Bei dieser Beschreibung Hanna sofort an den merkwürdigen Fremden, der zwei Tage zuvor schon einmal nach Frau Kunhardt gefragt hatte. Hanna erzählte, sie habe direkt bei ihrem kurzen Zusammentreffen das Gefühl gehabt, den Mann von irgendwoher zu kennen. Und auch er habe sie erkannt, deshalb sei er so irritiert gewesen.

Inzwischen wisse sie auch wieder, wo sie den Besucher vorher schon gesehen hatte. Bei ihrem früheren Dienstherren, der eine Schankwirtschaft betreibt. Dort sei der Mann im *Matin* öfter Gast gewesen. Dabei sei er einige Male auf Hanna getroffen. »Ei, schönen guten Morgen, Köchin«, habe er sie dann immer begrüßt.

Tinius hatte tatsächlich vom 7. auf den 8. Februar bei seinem Magisterfreund übernachtet. Auch am 5. und 6. Februar sei er in Leipzig gewesen, bestätigte der Schankwirt. Daraufhin reiste ein Gerichtsbeamter mit Hanna nach Poserna im Kreis Weißenfels, um Tinius zu befragen. Hanna war sich sicher, dass dies der gesuchte Mann sei, aber Tinius bestritt sofort, sie auch nur vom Sehen zu kennen. Höchstens sehe sie einer flüchtigen Bekannten aus Weißenfels ähnlich. Vielleicht seien sie also doch schon einmal aufeinander getroffen, aber gewiss nicht in Leipzig.

Diese Aussage – äußerst nervös und fahrig vorgetragen – klang für den Kriminalisten ziemlich unglaubwürdig. Außerdem war ihm sofort aufgefallen, wie blass Tinius bei Hannas Anblick wurde. Zurück in Leipzig, erklärt er daher seinem Vorgesetzten, dass er von der Schuld des Pfarrers überzeugt sei. Tinius wurde am 4. März 1813 verhaftet und in der Grünen Minna als Beschuldigter im Mordfall Kunhardt nach Leipzig in die Pleißenburg gebracht.

Seine kirchlichen Vorgesetzten staunen, dass der bis dahin unbescholtene Magister Tinius zu einer solchen Tat fähig sein soll. Superintendent Dr. Rosenmüller, war es schließlich, der den Fall aufhellte: »Wir sehen an dem schrecklichen Beispiele dieses Mannes, wie unglücklich tief ein Mensch sinken kann, wenn er sich von einer einzigen Leidenschaft beherrschen läßt. Seine Lieblingsneigung schien, an sich betrachtet, unschuldig zu sein. Er wünschte eine zahlreiche Büchersammlung zu besitzen, mit den angesehensten Gelehrten in Bekanntschaft zu kommen und sich dadurch Ruhm und Ehre zu erwerben; hierzu wurde aber weit mehr Aufwand gefordert, als er mit seinem Vermögen aufbringen konnte; weil er seinen Zweck nicht durch regelmäßige Mittel bestreiten konnte, so verfiel er auf den unseligen Gedanken, ihn durch List, Betrug und die größten Verbrechen zu erreichen. Durch Stolz und Eitelkeit verblendet, unterdrückte er alle Regungen des Gewissens und stürzte sich in den tiefsten Abgrund des Verderbens.«

Tinius schwieg zu allen Vorwürfen in diese Richtung. Ansonsten blieb er konstant bis zu seinem Ende bei seinem Leugnen. Er wird in der ersten Verhandlung zu achtzehn Jahren Zuchthaus verurteilt. Tinius war empört über dieses Urteil, er legte Berufung ein. Auch in dieser zweiten Verhandlung am 25. Januar 1823 blieb er seiner Linie treu, er leugnete weiter vehement jede Schuld. Doch auch diesmal lautete das Urteil schuldig. Allerdings wird das Strafmaß für den Raubmord auf zehn Jahre herabgesetzt, da der Angeklagte bis zu diesem nun endgültig rechtskräftigen Urteil bereits zehn Jahre in Haft gesessen hat.

Seine Frau wartete dieses Urteil des Appellationsgerichts gar nicht erst ab. Schon nach dem ersten Prozess hatte sie sich von Tinius scheiden und seine Bibliothek 1821 öffentlich versteigern lassen. Bei der Erstellung des Versteigerungskatalogs – am Ende achthundertneun Seiten – wurde deutlich, dass seine Sammlung nur wenige echte Raritäten enthielt. So reichte der Erlös schließlich gerade aus, die aus seinen Bücherkäufen noch offenen Schulden zu decken.

Der ehemalige Pfarrer Tinius war ein mustergültiger Gefangener. Aber auch im Zuchthaus spielte er weiter den unschuldig Verfolgten, leugnete seine Taten und zeigte logischerweise auch keinerlei Reue. Da er darüber hinaus jedoch auch jegliches Mitgefühl mit den Opfern seiner Taten vermissen ließ, wurde er trotz seines hohen Alters nicht vorzeitig begnadigt, er musste die insgesamt zwölfjährige Strafe in der Lichtenburg Prettin bis zum letzten Tag absitzen. So kam Tinius erst im Jahre 1835 als mittlerweile zweiundsiebzigjähriger Greis wieder frei.

1840 ging in Gräbendorf bei Königswusterhausen eine Meldung ein, die einen Untermieter ankündigte. Es war Tinius, der bei einem entfernten Verwandten aufgenommen wurde. Er bekam eine kleine Kammer ohne Essen. Die zwei Taler Miete hatte Poserna nach Berlin zu überweisen. Tinius wurde täglich bei Pfarrer Fließ beköstigt. Einmal wöchentlich bewirteten ihn der

Amtmann und der Küster. Sonn- und feiertags ging er zur Kirche, lehnte das Abendmahl aber stets ab. Tinius streifte stundenlang durch die Natur der Märkischen Heide und soll aus Pflanzen allerlei hilfreiche Säfte hergestellt haben. Tinius nutzte zur Ernährung gern Kräuter, Gemüse und Gartenfrüchte. Besonders bevorzugte er den Kürbis, den er als gehirnstärkend beschrieb. Bücher hat man nie bei ihm gesehen, schließlich kannte er nicht nur die Bibel auswendig. Zum Pfarrer kamen sogar Besucher, die sich von Tinius Unterricht in alten Sprachen geben ließen.

Zweimal im Jahr wanderte der Greis nach Berlin, um seine Pension aus Poserna abzuholen. Nach dieser zehnstündigen Wanderung kehrte er stets bei der Tochter des Pfarrers ein. Die Tochter des Pfarrers sagte einmal: »Ich wünschte, meine beiden Jungen würden auch einmal so klug wie Sie.«

Tinius wehrte erschrocken ab. »Wünschen Sie das nur nicht. Das war ja gerade mein Unglück, daß ich so klug war und noch klüger werden wollte. Es wäre mir wesentlich besser gegangen, hätte man mich bei meinen Schafen gelassen!«

Johann Georg Tinius starb 1846 und wurde als Dorfbewohner auf dem Friedhof bestattet, womit der Himmel versöhnt war und er offiziell gereinigt.

Skandal am Königshof

Die Traumhochzeit von Wien

Es war einmal eine ebenso reizende wie kluge Prinzessin hinter vielen Bergen am kaiserlichen Hof, die verheiratet werden sollte. So beginnt eines der spektakulärsten kriminellen Pressemärchen der Neuzeit, das die Autoren ganz Europas jahrelang, eigentlich bis heute beschäftigt. Diese Angehörige des europäischen Hochadels war eigentlich dazu bestimmt, den jahrhundertealten Gesetzen des Feudalismus zu folgen und nichts als die durch ihre Geburt gegebene Pflicht zu tun. Ihr Verlangen nach Unabhängigkeit und Freiheit sollte sie jedoch zu den ersten Vertreterinnen der Emanzipation der Frau machen. Sie erkannte ihre bürgerlichen Rechte und gestaltete sie bewusst, was ihr die Historiker bis heute übel nehmen. Der damals inszenierte Medienrummel ist nahezu in allen Veröffentlichungen zu ihrer Person nachzulesen.

Es geht um die Kaiserliche Hoheit Erzherzogin Luisa von Österreich-Toscana. Luisa war eine für ihre Zeit ungehemmte und lebenslustige, aber auch selbstverliebte und anspruchsvolle Persönlichkeit, modesüchtig und leicht überspannt. Wie auch ihr Bruder Leopold Wölfling und ihr berühmter Onkel Ludwig Salvator war sie offen für jene vom Monte Verita in die Welt gehenden Ideen der rebellischen Jugend. Schließlich war das Leben als Prinzessin am Kaiserhof alles andere als erstrebenswert. In ihren Memoiren erzählt sie: »Ich hatte neun Stunden am Tag stillzusitzen und zu lernen.« Aber gerade das fiel der ungestümen Fürstentochter mit italienischem Feuer in den Adern besonders schwer. Sie konnte ausgezeichnet reiten, und beim Schlittschuhlaufen auf der Salzburger Eisbahn stand sie zweifellos im Mittelpunkt. Man klatschte bei gelungenen Figuren. Die Bürger liebten ihre Luise, weil sie sich wie eine der ihren gab und die Armen regelmäßig mit milden Gaben besuchte.

Es kam die Zeit, und auch diese Prinzessin musste verheiratet werden, damit sie ihre eigentliche Bestimmung erfüllen konnte. Damit würde das unbekümmerte Backfischleben schlagartig vorbei sein. Die Siebzehnjährige musste an den Mann gebracht werden, damit sie für eine fremde Dynastie für Nachwuchs sorgen konnte. Ein Prinz aus Brasilien, Peter von Sachsen-Coburg und Gotha, der Enkel des brasilianischen Kaisers Peter II., kam auf Brautschau vorbei. Der Prinz, selbst nur vier Jahre älter, fand Luise aber noch unreif. Später ist Luise darüber froh gewesen, denn der Prinz wurde drei Jahre danach verrückt und musste für den Rest seines Lebens eingesperrt werden. Ihre Mutter ließ nicht locker. Im Sommer 1887 lernte sie auf Einladung des sächsischen Königs in Schloss Pillnitz Prinz Friedrich August von Sachsen kennen. Luise wurde das erste Mal auf einem Hofball präsentiert. »Von allem, was ich von den Sachsen sah, war ich entzückt«, erinnert sie sich in ihren lesenswerten Memoiren. An Prinz Friedrich August, dem Neffen des Königs Albert, der einmal seinen Thron erben würde, fand sie Gefallen. »Wir tanzten viel zusammen«, schreibt sie über ihre erste Begegnung mit diesem damals noch schüchternen Schlacks, ohne zu ahnen, dass sie auf eine Brautschau geraten war. »Er war nicht nur sehr hübsch und schmuck in seiner hellblauen, mit Gold verzierten Husarenuniform, sondern zudem außerordentlich liebenswürdig und natürlich.« Auch Luise hatte sich für ihren ersten Ball herausgeputzt. Sie trug ein Kleid aus blassrosa Seidenmousselin und einen Kranz aus Rosen von derselben Farbe in ihren dunklen Locken und machte damit in Dresden Eindruck.

Vier Jahre später wurde ihr der bulgarische Fürst Ferdinand I. vorgestellt, der aber weder ihr noch ihrer Mutter gefiel. Luise dachte wohl noch immer an den sächsischen Prinzen, zu dem sie sich eher hingezogen fühlte. In Lindau am Bodensee war es dann so weit. »Als er dort wirklich um meine Hand anhielt, freute ich mich darauf, Königin zu werden. Ich wünschte später an einer Stelle zu stehen, wo ich Einfluß hatte, und der Gedanke, Königin zu werden, schmeichelte meiner ehrgeizigen Eitelkeit. Meine Mädchenträume gingen dahin, die volle und ganze Liebe meiner Untertanen zu gewinnen.

Ein wenig Angst befiel mich schon, aber die nähere Bekanntschaft mit meinem Bräutigam ließ mich in meiner Vorstellung seine vielen ausgezeichneten Herzens- und Geisteseigenschaften erkennen, und diese Entdeckungen waren eine Quelle großer Freude für mich, da ich nun sicher war, daß meine Verbindung mit ihm ein Glück für mich bedeuten würde. Ich glaube nicht, daß es einen Mann mit edlerem und besserem Herzen wie ihn auf der Welt gibt. Seine Ritterlichkeit war ohne Tadel. Er betete mich an.«

Eine entscheidende Kleinigkeit, die ihre Zukunft bestimmen sollte, hatte der kluge Backfisch aber dabei übersehen: Sie war in Salzburg unter dem Allgemeinen Bürgerlichen Gesetzbuch als freie Bürgerin aufgewachsen und musste sich nun dem Hausgesetz des Hauses Wettin als wichtiges Glied einer regierenden Dynastie beugen, die sich im immer sichtbareren Untergangskampf an die erprobten Gesetze des sächsischen Hofmarschallamtes klammern musste.

Nach den Schilderungen der Luise-Biographin Anett Kollmann wurde die Hochzeit »mit aller Pracht gefeiert und dauerte drei Tage. Der Kaiser von Österreich hatte für die liebe Verwandte in seiner Wiener Hofburg 760 Gedecke auflegen lassen und von überall kamen die Diplomaten zu dem großen Ereignis, um dem jungen Paar zu gratulieren. ›Mach's gut, Luise‹, rief ihr das Volk auf der Straße zu, als sie die offene Kutsche zum Kaiserlichen Privatzug brachte, mit dem die Jungvermählten in das Land des Prinzen reisten.«

Am sächsischen Königshof

König Albert hatte für den Prinzen und seine Prinzessin das Taschenbergpalais herrichten lassen, wo schon viele andere Thronfolger gewohnt hatten. Es roch immer noch nach frischer Farbe, und auch die Einrichtung gefiel Luise nicht sonderlich, vor allem das »steife Boudoir mit seinen wuchtigen Eichenmöbeln und kupferfarbenen Damastbezügen und den schweren Vorhängen und Draperien«. Ihr weiß lackierter und mit rosa Blümchen verzierter Rokokosalon dagegen erinnerte sie an eine »mit rosa Zucker dekorierte, glacierte Torte. Alles war sehr altmodisch.« Aber das war noch nichts gegen die Familie und den Hofstaat im Reich ihres Prinzen. König Albert und Königin Carola waren freundlich, aber der Vater ihres Gemahls, Prinz Georg, hatte »kalte, kleine, blaue Augen, die mißtrauisch unter buschigen Brauen hervorschauten«, und entsetzte Luise mit »seinen häßlichen Gummizug-Halbschuhen, die viel zu viel von den dicken, weißen, handgestrickten Strümpfen sehen ließen«. Er war ihr Schwiegervater und übernahm zugleich die Rolle eines scharfen, unangenehmen Schwiegermonsters, »denn seine Frau war früh gestorben«. Intolerant wie bigott, geistig beschränkt und engherzig sei der Vater ihres Gemahls gewesen. Aber auch mit Friedrich Augusts Schwester konnte sie sich nicht anfreunden. Prinzessin Mathilde war sieben Jahre älter als sie, malte gern große Bilder und liebte Ameisen und Bienen. Sie tanzte und lief Schlittschuh wie Luise, sei dabei aber bei weitem nicht so elegant und geschickt, spottete Luise. Mathilde war zudem nicht gut auf die Familie der Schwägerin zu sprechen, denn zweimal hatten habsburgische Prinzen einer Heirat mit ihr eine andere vorgezogen. Der eine, Kronprinz Rudolf, Sohn der Kaiserin Sisi, hatte eine belgische Prinzessin geheiratet und sich ein paar Jahre später mit seiner Geliebten erschossen. Der andere, Erzherzog Franz Ferdinand, ist 1914 mit seiner Frau in Sarajevo einem Attentäter zum Opfer fallen. Ob Mathilde erleichtert war, dass sie die glücklosen Prinzen nicht geheiratet hatte, weiß man nicht. Es fand sich aber auch kein anderer Bräutigam, und so wurde sie langsam ein verbitterter Blaustrumpf und zum unbeliebtesten Mitglied des Königshauses, genannt Saufmathilde – ganz anders als Luise, die sofort die Zuneigung des Volkes für sich gewinnen konnte, nicht zuletzt weil sie ständig Dinge tat, die sich für eine sächsische Prinzessin nicht ziemten.

Der Familie des Schwiegervaters gefiel es gar nicht, wenn sie an der Hoftafel König Albert lachend zuprostete, »im Theater leutselig aus ihrer Loge grüßte und sogar die Hand über die Brüstung reichte, den aufreizenden Tango dem sittsamen Walzer vorzog und auf einem Stiftungsball sogar einen Cotillon mittanzte, bei dem die Tanzpartner per Zufall zueinander kamen und es sein konnte, dass sie sich mit einem ihrer Untertanen auf dem Parkett drehte. Eine Prinzessin tut so etwas nicht, eine Prinzessin darf das nicht. Das hörte sie oft, und es wurde getuschelt, dass sie manchmal Hausarrest bekam, wenn sie wieder einmal gegen eine der vielen Regeln des strengen spanischen Hofzeremoniells verstoßen hatte, nach dem man in der sächsischen Residenz lebte. Sie wollte frei leben und war sich gewiss, ›daß ich mich als sehr störendes Element erwiesen haben muß, da ich nicht ihre Erwartungen erfüllte. Jede

Äußerung meiner Unabhängigkeit wurde mit Mißtrauen betrachtet.‹«

Dabei hatte sie ihre königliche Pflicht mehr als erfüllt. Sie hatte drei Prinzen und zwei Prinzessinnen zur Welt gebracht, die nur dem Haus Wettin gehörten. Luise und ihr Mann bekamen die Kinder morgens für dreißig Minuten vorgeführt, wenn beide gerade im Taschenbergpalais wohnten. In der Wachwitzer Wohnung fiel das aus. Die Betreuung ihrer Kinder ordnete das Oberhofmarschallamt an, geregelt war sie im Artikel 3 Hofstaat und Erziehung der Prinzen und Prinzessinnen. Diese Aufgabe war Pater Delius und der Oberhofmeisterin Henriette Freifrau von Fritsch übertragen worden. Luise war es verboten, sich einzumischen. »Den einzigen Einfluss, den ihr Pater Delius und die Oberhofmeisterin von Fritsch einräumen konnten, war die Geburt von königlichem Nachwuchs und das Beten. Zu überwachen hatte das der Hofstaat der Frau Kronprinzessin, bestehend aus Schnüfflerinnen und Gouvernanten«, deren Arbeitsfeld die Schlüssellöcher waren, um zu prüfen, ob sich Luise endlich fügte.

»Ich wollte aber an einer Stelle stehen, wo ich Einfluß hatte«, schrieb Luise. Sie weilte deshalb zur Zerstreuung besonders gern bei ihren Untertanen, lief mit ihnen auf dem Carolateich Schlittschuh, ging selbst am Altmarkt einkaufen und probierte manchmal im später eigens nach ihr benannten *Café Toscana* von den süßen Köstlichkeiten. Oder sie fuhr mit der Standseilbahn zum Ortsteil Weißer Hirsch, um von der Terrasse des Aussichtslokals *Luisenhof* auf die Stadt zu schauen.

»Der Prinzessin gefiel es, dass man Orte nach ihr benannte und auch die moderne Standseilbahn mochte sie. Sie begeisterte sich für neuartige Erfindungen und wollte deshalb auch unbedingt Radfahren lernen. Aber eine Prinzessin im ›feschen bürgerlichen Radlermodekostüm‹ in die Pedale tretend auf den Straßen der Residenz, wo jeder sie sehen konnte«, war für den Hof eine Blasphemie. Dazu kam noch, dass sie in Gesellschaft ihres amerikanischen Zahnarztes unterwegs war. »Das ging dann sogar der ihr wohlgesonnenen Königin Carola zu weit. Erst als der Kaiser in Berlin seiner Schwägerin das Radeln erlaubte, musste sie auch Luise ihren Spaß lassen.« Doch auch damit war urplötzlich Schluss. Die Katastrophe nahm ihren Lauf.

König Albert starb 1902 auf Schloss Sibyllenort bei Breslau. Sachsen war unter seiner Regierung ein Musterland der konstitutionellen Monarchie und des aufstrebenden Kapitalismus gewesen. Das Land erhielt unter ihm endlich ein neues Volksschulgesetz, sowie ein technisches Bildungssystem, dessen Spitze die neuorganisierte Technische Hochschule Dresden bildete. Sachsen war nach Preußen der bedeutendste Staat im Deutschen Reich. Wenn man genau hinsieht, ist die Bedeutung Dresdens als Residenzstadt noch heute im Stadtbild zu erkennen. Die Familie reiste nach Schlesien, um Alberts Leichnam nach Dresden zu holen. Prinzessin Mathilde tröstete sich mit viel Bier. Angeblich stellte sie den Bierkasten auf dem Sarg ab.

Neuer König wurde Luises Schwiegervater. Als König Georg wollte er geraderücken, was sein Bruder verdorben hatte. Als Erstes wurde er immer ungehaltener gegenüber seiner Schwiegertochter. Er entschied, sie endlich mit strengeren militärischen Strafen für ihre künftige Aufgabe zu erziehen. Ging Luise mit einem der Söhne im züchtigen Badeanzug an der »Elb-Riviera« bei Loschwitz baden, lief die ganze Gegend zusammen. Daraufhin bekam sie Stubenarrest. Fuhr sie mit dem Fahrrad, lief über den Altmarkt oder benutzte gar die Straßenbahn, gab es Stubenarrest mit scharfer Wache vor der Zimmertür im Taschenbergpalais. Dabei sollte auch in der Provinz Dresden bekannt gewesen sein, dass ihr Onkel, Erzherzog Ludwig Salvator, leidenschaftlich gern mit der Wiener Straßenbahn fuhr. Er lebte als Bauer und Wissenschaftler in der Bergeinsamkeit auf Mallorca. Mit der Dampfsegelyacht *Nixe* schipperte er über das Mittelmeer und schrieb dabei etliche geografische und kulturhistorische Bücher. Der gelehrte Naturfreund schwamm nackt, schlief unter freiem Himmel und trug abgewetzte Klamotten. In den Romanen von Jules Verne wurde er zum Helden Mathias Sandorf.

Luise war mehrfach beim Maler Hans Unger in Loschwitz zu Besuch und ließ sich ein Stück Eierschecke servieren. Erneut gab es Arrest. Stubenarrest gibt es eigentlich für Kinder, Hunde, Katzen oder Hühner. Seit 1872 führte Reichskanzler Wilhelm Fürst von Bismarck dies als offizielles Gesetz für die Armee ein und König Georg für die Familie. »Stubenarrest als gleichbedeutend mit Kammerarrest; Wohnung als gleichbedeutend mit Kammer.«

Die Prinzen und Prinzessinnen erzog unterdes die

Frau Oberhofmeisterin, da konnte eine künftige Königin nicht so einfach hineinerziehen. Prinzen waren keine Kinder wie andere. Sie gehörten ausschließlich dem Staat. Ihre Erziehung wurde deshalb nur von der Staatsräson bestimmt, da es um Generalsränge und lukrative Heiraten ging. König Georg erzog seine eigenen Kinder systematisch durch Furcht. Drei seiner Nachfahren sind Priester geworden. Stundenlang lag er in der Schlosskapelle auf den Knien und schien von einem religiösen Wahn erfasst. »Verließ er die Kirche, fiel dies von ihm völlig ab, dann war jeder Zoll an ihm ein General«, berichtet Luise. »Man bezeichnete ihn mehr als religiös schizophren. Ich wurde auf seinen Befehl hin sogar im Beichtstuhl nach Dingen gefragt, deren Beantwortung mir doch zu intim war. Prinz Johann Georg, der Bruder des Kronprinzen, las von morgens bis abends die Geschichte der Päpste.« Wenn gar der Student Prinz Maximilian aus Freiburg zu seinen Semesterferien eintraf, war Luise entsetzt. Sie übersah in ihrem Frust dabei aber, dass sie den vielleicht bedeutendsten katholischen Kirchenrechtslehrer vor sich hatte. Der Bruder ihres Mannes kam mit dem Zug in heruntergelumperten Sachen, mit zerrissenen Schuhen, mit einer Zahnbürste für Schuhe und Zähne, ohne einen Pfennig in der Tasche. Prinzessin Mathilde musste ihn deshalb bereits in Tharandt aus dem Abteil holen und mit einer geschlossenen Kutsche ins Schloss fahren.

Ihr Angetrauter, Kronprinz Friedrich August, machte Karriere im Reichsheer. In seiner knappen Freizeit »verlustierte er sich bei Skat und Salamander-Reiten mit viel, viel Bier im Offizierscasino«, für seine Frau war da kein Platz mehr. Er hatte genug Kinder gezeugt.

»Glückauf! Zum Morgenrot der Freiheit«

»Manche Frau«, so sagte Friedrich Nietzsche, »brach die Ehe, nachdem sie selbst von dieser gebrochen wurde.«

Ihrem Schwiegervater, König Georg, und seinem Innenminister war Luises Beliebtheit in der Dresdner Bevölkerung ein besonderer Dorn im Auge. Aus dem Innenministerium wurden deshalb mit Georgs Billigung zielgerichtet Gerüchte lanciert, Luise habe ein Verhältnis mit ihrem Zahnarzt. Als die Aufpasserinnen an den Schlüssellöchern schließlich herausbrachten, dass sich die geplagte Frau vom Französischlehrer intensiver trösten ließ, musste König Georg die schweren Wiener Geschütze auffahren. Luise war zu allem Überfluss wieder schwanger. König Georg entschied, dass sie das Kind auf dem Sonnenstein, Sachsens Irrenanstalt in Pirna, zur Welt bringen sollte. Die Alternative war ein Kloster. Luise erbat sich Bedenkzeit und beratschlagte mit ihrem Bruder Erzherzog Leopold Ferdinand in Salzburg. Danach packte die lebenslustige Prinzessin ihre Juwelen und floh mit zwei vertrauten Kammerzofen unter dem Vorwand, ihre Familie in Salzburg zu besuchen, aus der Residenz. Was von den Sagen über eine Vaterschaft des belgischen Lehrers André Giron nun stimmt, könnte nur eine Genprobe klären. Der dogmatische König ließ verkünden: »Die Kronprinzessin hat in einem Zustand von krankhafter seelischer Erregung vor einigen Tagen Salzburg verlassen und sich unter Abbruch ihrer Beziehung zu Höchstihren Verwandten nach dem Auslande begeben.«

»Glückauf! Zum Morgenrot der Freiheit!« titelte die *Dresdner Rundschau* am 27. Dezember 1902. Der Chefredakteur saß dafür ein halbes Jahr in der Schießgasse ab. Der Verlag Dohrn wirbt im gleichen Blatt für sein Buch *Bestie Weib*. Journalismus war damals noch richtig spannend. Selbst den greisen Leo Tolstoi äußerte sich zur Staatsaffäre. »Ich sage noch einmal, daß ich als Mensch, der nach den Geboten Christi zu leben strebt, mich nicht im Recht fühle, einen Stein auf diese unglückliche Frau zu werfen.«

Der Papst sandte den privaten Beichtiger, Pater Max von Sachsen, als Unterhändler, um zwischen den Eheleuten zu vermitteln. Erfolglos. Luise ließ am 20. Januar 1903 durch ihren Schweizer Anwalt die Scheidung einreichen. Ein hochkarätiger Skandal, von einer rebellierenden Frau in Szene gesetzt, welche vorwegnahm, was heute Normalität ist. Damals aber konnte man einmal so richtig in Unsittlichkeit schwelgen und das gleich etliche Jahre lang. Davon leben die Medien heute wie damals.

Kaiser Franz Joseph bestimmte die moderne Nervenanstalt Bendorf am Rhein zum künftigen Aufenthaltsort. Bruder und Schwester flüchteten vorsorglich in die Schweiz, ehe die sächsische Geheimpolizei zugreifen konnte. Luises Drama sollte die Presse auf weitere Jahre beschäftigen. Eine politische Tragödie ist nun einmal nach anderen Gesetzen aufgebaut. In einer offiziellen Note lehnte es der Vatikan ab, die Ehe zu lösen – eigentlich völlig verständlich bei der Leporello-Liste kaiserlicher Verfehlungen. Die Ehe wurde also nur dem Bande nach getrennt. Damit verlor Luise sowohl den Namen von Habsburg als auch den von Sachsen. Sie erhielt dafür von König Georg den Titel einer Gräfin von Montignoso und die dazugehörige Apanage. Nach katholischem Recht war sie aber weiterhin die Frau des sächsischen Königs. Der Paragraph 1575 des Bürgerlichen Gesetzbuches gab ihr sogar das Recht, jederzeit als Königin zurückzukehren. Doch sie wollte frei sein – war es aber wegen ihrer Erziehung und ihrer Familie nicht wirklich.

Kaiser Franz Joseph befahl in einem Schreiben vom 20. Jänner 1903 die Suspendierung Luises: »Streichung der Gemahlin Seiner königlichen Hoheit des Kronprinzen von Sachsen aus dem genealogischen Verzeichnisse der Mitglieder Meines Hauses. Sie hat sich demnach von nun an weder der Titel einer kaiserlichen Prinzessin und Erzherzogin von Österreich, noch einer königlichen Prinzessin von Ungarn und Böhmen zu bedienen, wie sie auch nicht das ihr angestammte erzherzogliche Wappen mit den erzherzoglichen Emblemen weiter zu führen hat. Ebenso gebührt ihr nicht mehr der Titel kaiserliche und königliche Hoheit und fallen alle Ehrenrechte künftig für sie weg.« Auf Deutsch – das Geld fällt weg.

Luise schreibt selbstkritisch dazu. »Wie es scheint,

sind wir in bestimmten Krisen von ungewöhnlichen, in uns schlummernden Mächten eingenommen, die vorübergehend neurotische Störungen hervorrufen, unter deren Einfluss wir spontane Handlungen setzen, die häufig lebenslange Auswirkungen mit sich bringen.«

Anna Monica Pia wurde in Lindau am Bodensee geboren, zunächst namenlos. Da Kronprinz Friedrich August III. erklärt hatte, in der fraglichen Zeit mit seiner Frau Verkehr gehabt zu haben, nahm der königliche Leibarzt das Kind gewissenhaft in Augenschein. Er stellte eine deutliche Ähnlichkeit mit dem Kronprinzen fest, und so begannen die Verhandlungen, um die kleine Prinzessin am sächsischen Königshof aufwachsen zu lassen.

Das Oberlandesgericht Leipzig hat die strittige Tochter zur Herzogin von Sachsen erklärt, und diese musste deshalb um jeden Preis nach Dresden zurück. Der Geheimdienst setzte Erzieherinnen in Marsch, die das Kind nach Dresden holen sollten. Ein Fräulein Muth stellte sich also in der Villa Montauto bei Florenz vor. Sie wurde aber bald hinausgeworfen, weil sie »Monili« mitnehmen wollte. Mit einem Gewehr hat es Luise zu verhindern gewusst. Doch nun kam eine neue Agentin: älter, gewiefter, gebildeter. Ida Krämer sagte selbst dazu: »Ich sollte in die Löwengrube steigen, um der Löwin ihr Jüngstes zu entführen.« Sie schreibt weiter: »Als ich mir gestern das Billet nach Florenz besorgte, trug mir der Beamte eine Million Grüße seitens des ganzen Sachsenlandes auf. Also noch eine Million mehr, als sie mir schon an Briefen und Postkarten von Luisen-Freunden aufgebürdet hatten. Die Gräfin von Montignoso ist sehr schlau, aber dies ist gepaart mit einer bisweilen ganz unbegreiflichen Unvorsichtigkeit und Impulsivität, die unerwartetsten Augenblicksentschlüsse verursacht. Die Familie Toscana hat ja in den letzten Jahren merkwürdig geartete Menschen hervorgebracht, die neben den glänzendsten geistigen Fähigkeiten die wunderlichsten Eigenschaften besaßen.« Schließlich fügte sich Luise in einen Vertrag, der ihre Leibrente erhöhte und ein zudem regelmäßiges Treffen mit den Kindern vereinbarte, aber auch die kleine Prinzessin nach Sachsen beorderte. Sie zögerte die Übergabe der Tochter so lange wie möglich hinaus.

Am 25. September 1907 heiratete sie als Gräfin Montignoso mit neununddreißig Jahren in London den dreiundzwanzigjährigen Komponisten Enrico Toselli. Er schreibt dazu: »Ich verstand rein gar nichts.« Nach königlich-sächsischem Recht war das Bigamie. Der König entschied sich, die Apanage in Höhe von dreißigtausend Reichsmark trotzdem zu zahlen. Im Oktober musste Luise deshalb Prinzessin Anna Monica Pia herausgeben. Luise hat keines ihrer Kinder von König Friedrich August je wiedergesehen.

Am 7. Mai 1908 brachte sie Karl Phillip Emanuel zur Welt. Die Ehe mit Enrico Toselli wurde geschieden. Wie Toselli in seinem Buch von 1914 schreibt, scheiterte die Ehe mit Luise »wegen ihrer Verschwendungssucht und der gemeinen Schimpfereien«. In einem Artikel der *Bild* von 2014 wird sie als »Skandal-Prinzessin« bezeichnet. Noch heute gilt sie also als Femme fatale, da sie aus ihrem Umfeld, dem höfischen Zeremoniell, ausgebrochen ist. Und damals hatte neben den Kirchen auch der berühmte Physiker Max Planck erklärt, dass »die Natur selbst der Frau ihren Beruf als Mutter und Hausfrau vorgeschrieben« habe. Führende englische Psychologen schoben die Probleme auf die Erbmasse der Familie Toscana. Der Historiker und Zeitgenosse Luises, Konrad Sturmhoefel, bezeichnet sie ebenfalls wenig schmeichelhaft als ausgeprägte Hysterikerin. Heute würde man ihr übersteigertes Bedürfnis nach Bewunderung und die stets ichbezoge Haltung als narzisstisch beschreiben.

Onkel Ludwig Salvator von Toscana auf Mallorca kaufte Luise einen neuen Namen. Als Marquise d'Ysette verschwand sie im Exil. Laut Presseberichten und Heimatforschersagen soll sie sich mit Arbeit als Blumenfrau durchgebracht haben. Glaubhafter sind da wohl belgische Notizen dazu. Sie lebte von 1911 bis 1947 ein ruhiges Leben in Brüssel-Ixelles, eine Zeit lang mit dem zwölf Jahre jüngeren Ing. Fernand Vanderstraaten.

Luise von Toscana wurde schließlich im Tode mit dem Hochadel doch noch versöhnt. Es existiert dazu ein kaum zu reproduzierendes französisches Pressefoto von der Beerdigung. Es zeigt vier Träger in schwarzen knielangen Mänteln mit Kopfbedeckungen des städtischen Bestattungsinstituts Ixelles' vor dem Eichensarg in der Avenue du Klauwaerts. Daneben steht ein großer Leichenwagen, ausgeschlagen mit schwarzem Samt und verziert mit grünweißer Borte in den Farben Sachsens. An der Beisetzung nahmen Prinzessin Josephine

Charlotte und ihr Sohn Albrecht von Belgien teil, die aus dem Haus Sachsen-Coburg und Gotha stammten. In der Königlichen Bibliothek Brüssel findet sich ein Artikel dazu. *Le Soir* schreibt darin: »Fünfunddreißig Jahre lang lebte sie in einem friedlichen Viertel nahe des Weihers von Ixelles, wo die letzten Gerüchte der internationalen Presse verklungen waren. Man erkannte sie an ihrer zierlichen Silhouette, die täglich auf den Markt ging.

Am folgenden Montag waren die Blumenverkäuferinnen am Eugène Flagey Platz sehr erstaunt, da sie an dem Tag ›die nette Gräfin‹ nicht gesehen hatten. Luise zählte zu ihren ältesten Kunden. Kurz danach haben sie die schlechten Nachrichten erfahren: Die Gräfin von Ysette, die nette Gräfin von der Avenue des Klauwaerts, ist in der Nacht von Sonntag an einer Bronchitis gestorben.

Kurz vor der Aussegnung der Toten stieg eine Frau, die Ordenstracht trug, aus einem Auto aus. Es war Prinzessin Josephine, Schwester des Königs Albert – ihre Cousine. Sie hielt einen wunderschönen Blumenstrauß aus Parma-Veilchen, den sie auf den Sarg ihrer glücklosen Verwandten stellte. Einige Nachbarn warfen Buketts. Gegen zehn Uhr hat sich der Trauerzeug auf den Weg gemacht und erreichte die Abtei La Cambre. Prinzessin Josephine führte den Leichenzug an. Ihr haben einige anonyme Personen, Nachbarn und Freunde, die das abenteuerliche Leben der jungen Prinzessin, die nach ihrem Liebesdrama nach Belgien flüchtete, kannten, Beistand geleistet. Die Geschichte mit der verwahrlosten Mansarde und dem Hunger ist von unseren ausländischen Kollegen erfunden worden.

Das Haus, das sie bewohnt hat, war mit den alten Palästen von Salzburg oder Dresden keineswegs vergleichbar, trotzdem war die Villa hübsch und stand vollständig in ihrem Besitz. Die unmittelbare Nähe zu dem schönen Weiher von Ixelles hat das Haus besonders angenehm gemacht. Sechs Monate vor ihrem Ende hat sie auf ihre langjährige Messdienerin verzichtet. Als Nachfolger kamen ein Hausmeister und seine Frau zum Einsatz, die sich um den Haushalt gekümmert haben.

Ihre aus der Bourgeoisie stammenden Freunde haben uns mitgeteilt: Um ihr solches Opfer zu sparen, hätten wir uns für sie einsetzen können. Ohne unsere Hilfe hätte sie sicherlich durchkommen kommen können, weil ihre Cousine die Prinzessin Josephine von Belgien, die sie mehrmals besucht hat, sie auf keinen Fall im Stich gelassen hätte. Aber das war alles nutzlos, da sie von ihrem ausreichenden Vermögen leben konnte. Sie war sogar wohltätig: Sie hat jeden Monat hundert Franken an Arme gespendet, da ihre Barmherzigkeit unermüdlich war. Während des Kriegs hat sie mehrere belgische Patrioten aus den Klauen der Gestapo befreit.« Ihre Urne befindet sich im Schloss Sigmaringen und damit noch immer im »Exil«. Das Haus Sachsen erwägt, sie in die Dresdner Hofkirche zu bringen, wo sie eigentlich hingehört.

Es gibt einen Spielfilm über Luise, der 1950 in Frankreich gedreht wurde: *Toselli, les amours de Louise de*

Saxe mit Danielle Darrieux als Luise von Toscana und Egon von Jordan als Friedrich August III. von Sachsen.

Für Sachsen blieb die spektakuläre königliche Aufhebung der ehelichen Gemeinschaft ein Wahlkampfthema der Sonderklasse bei den Reichstagswahlen 1903. »Die Sozialdemokraten in Sachsen stilisieren den Kampf einer Frau um ihre Freiheit als Angriff auf eine verrottete Gesellschaftsordnung«, schreibt der Journalist Gerhard Jelinek. Die SPD holte für Sachsen zweiundzwanzig von dreiundzwanzig Sitzen für die Genossen. »Die Rolle der Frau, ihr Recht auf Selbstbestimmung ist zur politischen Fahnenfrage geworden.«

Luise war aber nicht die einzige Erzherzogin, die rot angehaucht war und die aus der bigotten und verlogenen Sexualmoral des untergehenden Zeitalters ausbrach. Ein ähnliches Schicksal dürfte die Tochter von Kronprinz Rudolf, Erzherzogin Elisabeth Marie, erlitten haben. »Sie heiratete mit Billigung des Kaisers 1902 den Fürsten Otto Windisch-Graetz; nach unglücklichem Verlauf der Ehe folgte 1919 die Trennung und 1948 die Scheidung. Im Zuge der heftigen Auseinandersetzungen um das Sorgerecht für die vier Kinder aus dieser Ehe lernte Elisabeth Windisch-Grätz den sozialdemokratischen Lehrer Leopold Petznek kennen und trat 1925 der SPÖ bei.« Es wird behauptet, die rote Mainelke gehe auf sie zurück. Elisabeth Petznek starb 1963 und wurde auf dem Hütteldorfer Friedhof in Wien im gleichen Grab wie ihr Mann beerdigt.

Quellen

Zeitungen/Zeitschriften: *Bild, Dresdner Anzeiger, Le Soir, Wiener Zeitung, Sächsische Zeitung, Simplicissimus*

André Girons Geständnis. Leipzig 1903.

Arnold, Ernst: *Der Pfarrer und Magister Tinius. Ein Raubmörder aus Büchersammelwut.* Leipzig 1977.

Blaschke, Karlheinz/Arnhardt, Gerhardt u. a.: *Schola Crucis – Schola Lucis. Dresden: Kreuzkuirche, Kreuzschule, Kreuzchor. Musikalische und humanistische Tradition in 775 Jahren.* Gühtersloh-München 1991.

Blum, Nikolaus: *Leichpredigt über den Custodierten Nikolaus Krell. Welcher den 9. Octorbris wegen seiner Verbrechung auff der Römischen Kayserlichen Maiestat Endurtheil offentlich zu Dreßden enthauptet worden. Anno Christi MDCI. Geschehen in der Kirchen zu unser lieben Frauen.* Leipzig 1601.

Bötticher, Friedrich von: *Der Dresdner Bilderraub im Jahr 1788.* Riga-Leipzig 1859.

Böttiger, Karl August: *Andeutungen am Grabe Gerhard von Kügelgens.* Dresden 1820.

Calinich, Robert: *Kampf und Untergang des Melanchthonismus in Kursachsen in den Jahren 1570 bis 1574 und die Schicksale seiner vornehmsten Häupter.* Leipzig 1866.

Crusius, Christian August: *Bedenken über die schröpferischen Geisterbeschwörungen.* Berlin 1775.

Emig, Joachim (Hrsg.): *Der Altenburger Prinzenraub 1455. Strukturen und Mentalitäten eines spätmittelalterlichen Konflikts.* Beucha 2008.

Fontane, Theodor: *Wanderungen durch die Mark Brandenburg. Bd. 1 Der Barnim.* Berlin 1862.

Gerlach, Hubert: *Jonas Daniels Schatten*, Rudolstadt 1987.

Hanisch, Gotthold: *Der Wiener Friede 1809*. Dissertation. Leipzig 1939.

Henke, Ernst Ludwig Theodor: *Caspar Peucer und Nicolaus Krell. Zur Geschichte des Lutherthums und der Union am Ende des 16. Jahrhunderts.* Marburg 1865.

Herzog, Emil: *Chronik der Kreisstadt Zwickau.* Zwickau 1839–1845.

Hitzig, Julius Eduard/Alexis, Willibald: *Der neue Pitaval. Eine Sammlung der interessantesten Criminalgeschichten aller Länder aus älterer und neuerer Zeit.* Neue Serie Teil 3 und 4. Leipzig 1868/1869.

Hitzig, Julius Eduard/Alexis, Willibald: *Der neue Pitaval. Eine Sammlung der interessantesten Criminalgeschichten aller Länder und neuerer Zeit.* Teil 30. Folge 3. Teil 6. Leipzig 1862.

Hübner, Julius: *Verzeichniss der Königl. Gemälde-Galerie zu Dresden.* Dresden 1880[5].

Jelinek, Gerhard: *Affären, die die Welt bewegten. Ein Seitensprung durch die Geschichte.* Salzburg 2011.

Klein, Thomas: *Der Kampf um die zweite Reformation in Kursachsen 1589–1591.* Köln-Böhlau 1962.

Kohlschmidt, Walter: *Die sächsische Frage auf dem Wiener Kongreß und die sächsische Diplomatie dieser Zeit.* Dissertation. Dresden 1930.

Köhn-Behrens, Charlotte: *Luise von Toscana.* Bayreuth 1966.

Kollmann, Anett: »Luise von Toscana 1870–1947«. Auf: http://www.anettkollmann.de/Was-vom-Schreiben-uebrigblieb/Luise-von-Toscana/ (23.10.2017).

Kremer, Ida: *Im Kampf um ein Königskind. Anna Monica Pia, Herzogin zu Sachsen. Meine Erlebnisse als Erzieherin im Hause der Gräfin Montignoso im Winter 1906.* Dresden 1907.

Kügelgen, Wilhelm von: *Jugenderinnerungen eines alten Mannes.* Leipzig 1954.

Lorenz, Rudolf: *Herrschaften und Enklaven der Oberlausitz.* Dissertation. Leipzig 1914.

Neheimer, Kurt: *Der Mann, der Michael Kohlhaas wurde.* Berlin 1979.

Nottarp, Hermann: »Ein geistlicher Staat in Deutschland von 1809 bis 1845«. In: Grundmann, Siegfried (Hrsg.): *Für Kirche und Recht. Festschrift für Johannes Heckel zum 70. Geburtstag.* Köln-Graz-Böhlau 1959, S. 86–107.

Oettinger, Eduard: *Die Gräfin von Kielmannsegge.* Dresden 1863.

Pellmann, Udo/Walther, Klaus: *Die Silberstraße im Erzgebirge.* Halle 1996.

Quanter, Rudolf: *Jesuiten-Ränke.* Dresden 1903.

Radatz, Christa: »Hans Kohlhase und der Teltowkanal«. Auf: http://heimatverein.teltow.de/fileadmin/pdf/06-07-2014/06-07-2015/06-07-2015-2.pdf (23.10.2017).

Schmidt, Otto Eduard: »Gräfin Charlotte von Kielmannsegge in ihrem Verhältnis zu Napoleon I., dem sächsischen Hofe und dem sächsischen Adel«. In: Lippert, Woldemar (Hrsg.): *Meißnisch-Sächsische Forschungen. Zur Jahrtausendfeier der Mark Meißen und des Sächsischen Staates.* Dresden 1929, S. 219–238.

Sierke, Eugen: *Schwärmer und Schwindler zu Ende des 18. Jahrhunderts.* Leipzig 1874.

Striefler, Christian (Hrsg.): *Wilhelm der Einäugige. Markgraf von Meißen.* Dresden 2009.

Tinius, Johann Georg: *Merkwürdiges und lehrreiches Leben.* Halle 1813.

Vieweg, Rolf: *Die böhmische Enklave Schirgiswalde zwischen Österreich und Sachsen von 1809 bis 1845.* Dissertation. Hamburg 1999.

Wilsdorf, Oscar: *Gräfin Charlotte von Kielmannsegge. Ein Lebensbild aus der Zeit der Romantik.* Minden 1904.